Buenos Aires auf einen Blick

0 — 2 km
© REISE KNOW-HOW 2014

W0068135

Hipódromo ⑬

Die schicken Nordviertel S. 95

㉛ Malba

Cementerio de Recoleta
㉞

La City S. 86

Von der Hafenseite aus S. 87

Teatro Colón ⑲

Rund ums Barrio Once S. 106

Café Tortoni ⑭

⑮ Palacio Barolo

❶ Plaza de Mayo

Im Herzen der Stadt S. 72

Plaza Dorrego ⑪

Das koloniale Buenos Aires S. 60

La Boca S. 90

Inhalt

Auf ins Vergnügen 7

Am Puls der Stadt 43

Buenos Aires entdecken 59

Das koloniale Buenos Aires 60

◁ *Bonbonbunte Häuser säumen den Caminito ㉛ in La Boca (Abb.: 083ba fo © jkraft5)*

Benutzungshinweise

Orientierungssystem

Eine **Liste der im Buch beschriebenen Örtlichkeiten** wie Sehenswürdigkeiten, Restaurants, Hotels, Cafés, Infostellen befindet sich auf S. 141.

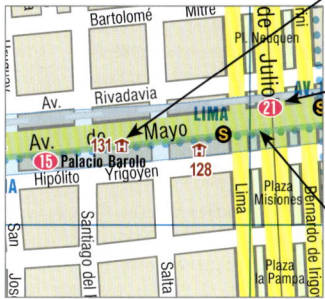

Zur schnelleren Orientierung tragen alle Lokalitäten sowohl im Text als auch im Kartenmaterial die gleiche Nummer:

131 Mit Symbol und fortlaufender Nummer werden die sonstigen Lokalitäten wie Cafés, Geschäfte, Hotels, Infostellen usw. gekennzeichnet.

21 Mit einer fortlaufenden magentafarbenen Nummer sind die Hauptsehenswürdigkeiten gekennzeichnet. Steht die Nummer im Fließtext, verweist sie auf die Beschreibung dieser Sehenswürdigkeit im Kapitel „Buenos Aires entdecken".

❯ Die farbige Linie markiert den Verlauf des Stadtspaziergangs (s. S. 8).

[C5] In eckigen Klammern steht das Planquadrat im Kartenmaterial, in diesem Beispiel Planquadrat C5.

Ortsmarken ohne Angabe des Planquadrats liegen außerhalb unserer Karten. Sie können aber wie alle Örtlichkeiten in unseren speziellen Luftbildkarten unter http://ct-buenosaires14.reiseknow-how.de lokalisiert werden.

Bewertung der Sehenswürdigkeiten

★★★   auf keinen Fall verpassen
★★   besonders sehenswert
★   wichtige Sehenswürdigkeit für speziell interessierte Besucher

Exkurse zwischendurch

Impressum

Maike Christen

CityTrip Buenos Aires

erschienen im
REISE KNOW-HOW Verlag Peter Rump GmbH,
Osnabrücker Str. 79, 33649 Bielefeld

© REISE KNOW-HOW Verlag
   Peter Rump GmbH 2012, 2013
**3., neu bearbeitete und komplett
   aktualisierte Auflage 2014**
Alle Rechte vorbehalten.

ISBN 978-3-8317-2539-7
PRINTED IN GERMANY

Dieses Buch ist erhältlich in jeder Buch-
handlung Deutschlands, der Schweiz,
Österreichs, Belgiens und der Niederlande.
Bitte informieren Sie Ihren Buchhändler
über folgende Bezugsadressen:
   Deutschland: Prolit GmbH, Postfach 9,
   D-35461 Fernwald (Annerod)
   sowie alle Barsortimente
   Schweiz: AVA Verlagsauslieferung AG,
   Postfach 27, CH-8910 Affoltern
   Österreich: Mohr Morawa Buchvertrieb
   GmbH, Sulzengasse 2, A-1230 Wien
   Niederlande, Belgien: Willems
   Adventure, www.willemsadventure.nl
Wer im Buchhandel kein Glück hat,
bekommt unsere Bücher auch über
unseren Büchershop im Internet:
www.reise-know-how.de

Herausgeber: Klaus Werner
Lektorat und Layout:
   amundo media GmbH
Karten: Ingenieurbüro B. Spachmüller,
   amundo media GmbH
Druck und Bindung: Media-Print, Paderborn
Fotos: siehe Bildnachweis S. 137
Anzeigenvertrieb: KV Kommunalverlag
   GmbH & Co. KG, Alte Landstraße 23,
   85521 Ottobrunn, Tel. 089 928096-0,
   info@kommunal-verlag.de

Alle Informationen in diesem Buch sind von
der Autorin mit größter Sorgfalt gesammelt
und vom Lektorat des Verlages gewissen-
haft bearbeitet und überprüft worden.
Da inhaltliche und sachliche Fehler nicht
ausgeschlossen werden können, erklärt
der Verlag, dass alle Angaben im Sinne
der Produkthaftung ohne Garantie erfolgen
und dass Verlag wie Autorin keinerlei
Verantwortung und Haftung für inhaltliche
und sachliche Fehler übernehmen.
Die Nennung von Firmen und ihren
Produkten und ihre Reihenfolge sind als
Beispiel ohne Wertung gegenüber anderen
anzusehen. Qualitäts- und Quantitätsan-
gaben sind rein subjektive Einschätzungen
der Autorin und dienen keinesfalls der
Bewerbung von Firmen oder Produkten.
Wir freuen uns über Kritik, Kommentare
und Verbesserungsvorschläge:
info@reise-know-how.de

Aktuelle Informationen nach Redaktionsschluss

Unter **www.reise-know-how.de** werden
aktuelle Ergänzungen und Änderungen
der Autoren und Leser zum vorliegenden
Buch bereitgestellt. Sie sind auch in der
Gratis-App zum Buch abrufbar.

www.reise-know-how.de
› Ergänzungen nach Redaktionsschluss
› kostenlose Zusatzinfos und Downloads
› das komplette Verlagsprogramm
› aktuelle Erscheinungstermine
› Newsletter abonnieren
Verlagsshop mit Sonderangeboten

Maike Christen

CITY|TRIP
BUENOS AIRES

Nicht verpassen!   Karte S. 3

1 Plaza de Mayo [E5]
An diesem Flecken gründete Juan de Garay Buenos Aires. Vom alten Rathaus bis zum Regierungspalast stehen hier die wichtigsten Bauwerke. Weltruhm erlangte der Platz durch die Demonstrationen der Madres de la Plaza de Mayo (s. S. 60).

11 Plaza Dorrego [E7]
Jeden Sonntag verwandelt sich der lauschige Platz in einen lebhaften Trödelmarkt: In dem bunten Gewühl lässt es sich nach Herzenslust in altem Silber und Schellackplatten stöbern (s. S. 70).

14 Café Tortoni [D5]
In dem traditionellen Kaffeehaus von 1880 trafen sich in der ersten Hälfte des 20. Jahrhunderts von Carlos Gardel bis Jorge Luis Borges die wichtigsten Schöngeister von Buenos Aires (s. S. 74).

15 Palacio Barolo [C5]
Hölle, Fegefeuer und Paradies: Der Wolkenkratzer von 1923 ist Sinnbild der Göttlichen Komödie von Dante. Die schwindelerregende Aussicht von seiner Spitze auf Buenos Aires sollte sich niemand entgehen lassen (s. S. 75).

19 Teatro Colón [C4]
Das pompöse Opernhaus wurde nach dem Vorbild der Mailänder Scala erbaut und 1908 mit Verdis „Aida" eingeweiht. Es hat die weltbeste Akustik und zieht die großen Stars an (s. S. 81).

34 Cementerio de Recoleta [B1]
Dicht an dicht stehen die bombastischen Totenhäuser auf dem Friedhof in Recoleta. Einige der bedeutendsten Persönlichkeiten der argentinischen Geschichte sind hier begraben, darunter die Heilige der Nation: Evita Perón (s. S. 96).

37 Malba [ci]
Schwerpunkt dieses Museums ist lateinamerikanische Kunst von den Anfängen des 20. Jahrhunderts bis heute. Das schöne sandsteinfarbene Gebäude mit den klaren Linien wurde 2001 eröffnet und ist allein schon einen Besuch wert (s. S. 100).

43 Hipódromo [bh]
Das Pferderennen ist eine der großen Leidenschaften der Porteños. Auf der Galopprennbahn im Nobelviertel Palermo kochen Woche für Woche die Gefühle über und Arm und Reich, Alt und Jung fiebern an der Zielgeraden mit (s. S. 104).

Leichte Orientierung mit dem cleveren Nummernsystem
Die Sehenswürdigkeiten der Stadt sind zum schnellen Auffinden mit **fortlaufenden Nummern** versehen. Diese verweisen auf die ausführliche Beschreibung **im Kapitel „Buenos Aires entdecken"** und zeigen auch die genaue Lage **im Stadtplan.**

Auf ins Vergnügen

004ba Abb.: rk

Stippvisite in Buenos Aires

Buenos Aires ist eine Stadt der Superlative: Hier findet sich der breiteste Boulevard der Welt, hier leben die attraktivsten Frauen, hier isst man das leckerste Steak. Kurz: Buenos Aires ist die schönste Stadt im Universum – das finden jedenfalls die Porteños, wie die Bewohner der Hafenmetropole sich nennen.

Viel zu entdecken gibt es allemal. Doch Buenos Aires ist keine Stadt, die sich gut zu Fuß erkunden lässt. Dafür ist sie zu weitläufig. Zu lärmend. Und zu nervös. Dennoch ist ein Spaziergang manchmal das einzig Richtige: Einmal muss der Besucher von der Plaza de Mayo zur Plaza del Congreso flanieren oder abends das Hafenviertel Puerto Madero durchstreifen. Und auf jeden Fall sollte er durch San Telmo bummeln, das älteste Viertel der Stadt. Wenn die Füße dann müde gelaufen sind, laden in jedem Stadtteil zahllose schöne Eckcafés zum Verweilen ein.

Der erste Tag

Spaziergang durchs Zentrum

Im Schatten der Platanen der **Avenida de Mayo** ⓭ lässt es sich gut **schlendern.** Das rasende Stadtleben scheint auf der breiten Allee mit ihren prächtigen Gebäuden geruhsamer abzulaufen. Der Boulevard verbindet zwei der wichtigsten Plätze der Megametropole miteinander: Er führt von dem ältesten Platz der Stadt, der **Plaza de Mayo** ❶ mit dem rosafarbenen Regierungssitz **Casa Rosada** ❷, bis zur **Plaza del Congreso** ⓰ und ihrem beeindruckenden **Palacio del Congreso Nacional** ⓱, dem Kongresspalast, der Repräsentantenhaus und Senat beherbergt. Auf beiden Plätzen wird gerne und häufig demonstriert: gegen die Armut, für bessere Arbeitsbedingungen, gegen die Regierung oder für die Regierung. Gibt es einmal keine Demo, dann laden Bänke zum Verschnaufen und Beobachten ein.

Auf der gut einen Kilometer langen Avenida de Mayo gibt es viele bemerkenswerte Orte zu entdecken, etwa das altehrwürdige **Café Tortoni** ⓮, das früher einmal Treffpunkt der Schriftsteller und Literaten war, oder das eigenwilligste Gebäude von Buenos Aires, den **Palacio Barolo** ⓯ – eine Versinnbildlichung von Dantes Göttlicher Komödie. Die Aussicht vom 16. Stock des Bürohochhauses auf Buenos Aires sollte man keinesfalls versäumen! Beim Kongresspalast angelangt, ist der richtige Zeitpunkt für einen *café con leche* gekommen – am besten in einem traditionellen alten Eckcafé wie dem **Café Victoria** (s. S. 29). Den Rückweg können Fußmüde in der Subte A (s. S. 74) antreten, der ersten Untergrundbahnlinie Südamerikas.

Hat man noch genügend Energie, sollte man sich vom Kongresspalast vier Häuserblocks weiter zur quirligen **Avenida Corrientes** ⓲ durchschlagen. Die kulturelle Schlagader von

◁ *Vorseite: Tangoshow mit Puppe auf der Plaza Dorrego* ⓫

Routenverlauf im Stadtplan
Der unter „Der erste Tag" beschriebene Spaziergang ist mit einer **farbigen Linie** im Stadtplan eingezeichnet.

Buenos Aires ist keine Straße zum gemächlichen Flanieren und Verweilen, denn hier toben Verkehr und Leben. Menschen eilen den Bürgersteig zwischen Kiosken und fliegenden Händlern entlang, vorbei an CD- und Buchläden, Cafés und Restaurants.

Verspürt der eifrige Städtewanderer Mittagshunger, sollte er unbedingt ein saftiges Steak im Grillrestaurant **Chiquilín** (s. S. 25) probieren.

Für Unverwüstliche bietet sich ein Abstecher zum **Teatro Colón** ⑲ an, das berühmte Opernhaus mit der besten Akustik der Welt – wie die Porteños stolz behaupten. Auf der Plaza Lavalle zwischen dem Teatro Colón und dem Justizpalast verkaufen Bouquinisten im Schatten alter Bäume ihre Bücher.

Zurück auf der Avenida Corrientes sind es nur noch gut einhundert Meter zur Kreuzung mit der **Avenida 9 de Julio** ㉑ und dem **Obelisken** ⑳. Das Wahrzeichen der Stadt steht mitten im rauschenden Verkehr – acht Fahrbahnspuren rechts, acht Fahrbahnspuren links, zwei Spuren vor und zwei hinter ihm. Auf dieser Insel sollte man einen Augenblick verweilen und den typischen Buenos-Aires-Lärm aus Motoren und Hupen, Rufen und Hämmern aufnehmen und den Menschen zuschauen, wie sie von der einen Seite zur anderen hasten. Das ist Buenos Aires pur: eine bebende, pulsierende Metropole.

Abendbummel im Hafen

Die Glitzerwelt des Hafens **Puerto Madero** ㉔ eignet sich bestens für einen Abendspaziergang. Zwar sehen neu gebaute Hafenviertel aller Welt einander verwirrend ähnlich, aber in Buenos Aires kommt ein besonders bezauberndes, blaues Abendhimmellicht dazu, vor dem die glatten, fun-

Das gibt es nur in Buenos Aires

❯ *Ein Stein gewordenes Gedicht: Der* **Palacio Barolo** ⑮ *ist die architektonische Umsetzung von Dantes „Die Göttliche Komödie".*

❯ *Süße, karamellisierte Milch: Ohne* **dulce de leche** *im Kuchen, im Eis oder einfach auf Brot ist kaum ein Porteño glücklich (s. S. 24).*

❯ *Rauchen mit* **Carlos Gardel:** *Fans klemmen der Bronzestatue des Sängers immer wieder eine glimmende Zigarette zwischen die Finger (s. S. 111).*

❯ *Auf der Straße* **Tango tanzen:** *Für eine Open-Air-Milonga sperrt die Stadt auch schon mal fünfspurige Avenidas im Zentrum ab.*

kelnden Wolkenkratzer eine prachtvolle Kulisse abgeben. Die Lichter spiegeln sich zwischen den Jachten im schwappenden Wasser und verbreiten eine beinahe feenhafte Stimmung. Hier führen Porteños spätabends den Hund noch einmal aus, andere joggen ihre Abendrunden und ein junges Pärchen lehnt knutschend am Kaigeländer. In den Randgebäuden der vier *diques,* der vier Docks, befindet sich ein Bar-Restaurant neben dem anderen, eines schicker und teurer als das nächste.

Der zweite Tag

Streifzug durch die Altstadt

Am zweiten Tag bietet sich ein Besuch in **San Telmo** ❼ an. Angeblich landete der spanische Eroberer Pedro de Mendoza hier und gründete

007ba Abb.: rk

1536 das erste Mal Buenos Aires. Das alte Viertel ist touristisch geprägt und wird als Tangoviertel vermarktet. Ein Besuch lohnt trotzdem: Mit seinen Kopfsteinpflastergassen und den niedrigen Kolonialhäusern verströmt San Telmo ein beinah dörfliches Flair. Dazu bietet es ein abwechslungsreiches Durcheinander von gediegenen Cafés und hippen Restaurants, modischen Designerboutiquen und alteingesessenen Antiquitätenbazars.

Die **Calle Defensa** ⑧ führt direkt in das Herz des Viertels. Sonntags verwandelt sich die Straße auf ganzer Länge in einen Flohmarkt mit einem dichten und bunten Treiben an Passanten, Schaustellern und Musikern, ja ganzen Orchestern, die hier aufspielen.

Bekannt ist San Telmo für seine **Antiquitätenläden**, in denen es sich gut nach altem Silber oder geschliffenem Kristall stöbern lässt. Besonders viele dieser Geschäfte finden sich nahe der **Plaza Dorrego** ⑪. Dieses lauschige Plätzchen mit den zahllosen Cafés ist *der* Touristenmagnet von Buenos Aires. Typischer sind allerdings die alten Cafébars ein paar Straßenblocks weiter wie die **Bar El Federal** (s. S. 29). Sollte der Hunger größer sein: In San Telmo gibt es Grillrestaurants an allen Ecken. Empfehlenswert ist das Restaurant **Lezama** (s. S. 27). Abends geht es hier lautstark zu wie in Buenos Aires üblich: Das Handy klingelt, das Kind kreischt, die Mutter lacht und der Vater schreit dem Schwager die Fußballergebnisse ins Ohr. Wer nach dem Essen noch am **Parque Lezama** ⑫ herumschlendert, sollte beim Kulturzentrum **Torquato Tasso** (s. S. 34) reinschauen: Hier treten teils hervorragende Tango-Orchester auf. Zurück zur Innenstadt bringen einen blitzgeschwind Busse, Colectivos genannt, wie etwa der 64er (s. S. 15), der 152er oder der 33er, die unterhalb des Parque Lezama halten und den Paseo Colón zur Plaza de Mayo hochfahren.

Zur richtigen Zeit am richtigen Ort

Januar

> **Aires Buenos Aires.** Sommerfestival der Stadt im Januar und Februar mit vielen Veranstaltungen, teilweise umsonst und unter freiem Himmel (www.airesbuenos aires.gov.ar).

Februar

> **Carnaval.** Mit Pauken und bunten Verkleidungen wird an den Februarwochenenden in Buenos Aires *la murga*, der Karneval, zelebriert.

> **ATP Tennisturnier 250.** Der Wettkampf wird auf den Sandplätzen des Lawn Tennis Club, Olleros 1540, ausgetragen (www.copaclaro.com).

März

> **C.I.T.A. (Congreso Internacional de Tango Argentino).** Das älteste Tangofestival der Stadt wird seit 1999 von Fabián Salas organisiert (www.cosmo tango.com).

> **Exposición de Caballos Criollos.** Auf dem Messegelände La Rural (s. S. 100) werden jedes Jahr die schönsten argentinischen Pferde prämiert, außerdem gibt es ein Rodeo-Turnier, Shows und Versteigerungen (www.nuestroscaballos. com.ar).

April

> **BAFICI.** Das Internationale Festival des unabhängigen Kinos gibt es seit 1999. Die Filme werden in Museen, Theatern und Kulturzentren gezeigt (www.bafici. gov.ar).

◁ *Musiker spielen Tangos*
zu Ehren von Carlos Gardel (s. S. 111)

> **Feria Internacional del Libro.** Die Buchmesse findet seit 1975 alljährlich auf dem Messegelände La Rural (s. S. 100) statt und ist eine der größten und wichtigsten der Welt (www.el-libro.org.ar).

Mai

> **ArteBA.** Die Stadt organisiert mit arteBA in den Hallen der La Rural (s. S. 100) eine Messe mit Kunst der Gegenwart (www.arteba.com).

> **Campeonato de Baile de la Ciudad.** Die Stadtmeisterschaft im Tangotanzen wird in verschiedenen Milongas ausgetragen (www.tangobuenosaires.gov.ar).

Juni

> **Día de Buenos Aires.** Der 11. Juni ist der Stadt Buenos Aires gewidmet und wird mit Veranstaltungen aller Art begangen.

> **Día de la Muerte de Gardel.** Am 24. Juni, dem Todestag der Nationalikone Carlos Gardel, pilgern noch immer viele Menschen an sein Grab auf dem Chacarita-Friedhof.

EXTRATIPP

Wo ist was los?

Die Stadt gibt wöchentlich die Gratiszeitung **Agenda Cultural** heraus, in der Termine vom Konzert über das Theaterstück bis zum Flohmarkt vorgestellt werden. Das achtseitige Blatt erhält man donnerstagnachmittags neu in der Tienda Cultural (s. S. 73) und bei der Touristeninfo (s. S. 119). Im Netz finden Interessierte den Service unter http://agendacultural. buenosaires.gob.ar. Einen bunten Überblick mit vielen Informationen rund um die **Festivals,** die die Stadt Buenos Aires veranstaltet, bietet die Website http:// festivales.buenosaires.gob.ar.

Feiertage

> *Año Nuevo (Neujahr): 1. Januar*
> *Festejo de Carnaval (Karneval):*
>   *am Montag und Dienstag*
>   *40 Tage vor Ostern*
> *Día de la Memoria*
>   *(Tag der Erinnerung): 24. März*
> *Jueves Santo und Viernes Santo:*
>   *Gründonnerstag und Karfreitag*
> *Día de las Malvinas: 2. April*
>   *(beweglich*)*
> *Día de los Trabajadores*
>   *(Tag der Arbeiter): 1. Mai*
> *Revolución de Mayo*
>   *(Mairevolution): 25. Mai*
> *Día de la Bandera (Tag der*
>   *Flagge): 20. Juni (beweglich**)*
> *Día de la Independencia*
>   *(Tag der Unabhängigkeit): 9. Juli*
> *Día de San Martín (San Martins*
>   *Todestag): 17. August (beweglich**)*
> *Día de la Raza (Kolumbustag):*
>   *12. Oktober (beweglich*)*
> *Inmaculada Concepción (Tag*
>   *der Unbefleckten Empfängnis):*
>   *8. Dezember*
> *Navidad (Weihnachtsfeiertag):*
>   *25. Dezember*

* Wenn der Feiertag auf einen Diens-
tag oder Mittwoch fällt, wird er auf
Montag vor-, wenn er auf Donners-
tag oder Freitag fällt, auf den Mon-
tag danach verlegt.
** Wird immer auf den 3. Montag
des Monats gelegt.

August

> **Festival Buenos Aires Tango.** Das Tango-
festival der Stadt Buenos Aires gibt es
seit 1999 und ist mit der Tangoweltmeis-
terschaft zu einem zweiwöchigen Fest

zusammengelegt worden, das die ganze
Stadt erfasst: Konzerte und Milongas,
Unterricht und Shows – alles ist gratis.
> **Campeonato Mundial de Baile de
Tango.** Die Weltmeisterschaft im Tango-
tanzen wird seit 2003 jährlich ausgetra-
gen (www.tangobuenosaires.gov.ar).

September

> **FIBA.** Auf dem Internationalen Theater-
festival werden zweijährlich in den größten Theatern der Stadt zwei Wochen lang
täglich bis zu zwölf herausragende nationale und internationale Inszenierun-
gen gezeigt. Aus Deutschland waren u.a.
René Pollesch und Thomas Ostermeier
dabei. Das nächste FIBA gibt es 2015.
(www.festivaldeteatroba.gob.ar).

Oktober

> **Maratón Internacional de la Argentina**
(www.maratondebuenosaires.com). Seit
2003 führt der wichtigste lateinamerikanische Marathon die Läufer quer durch
die Stadt vorbei am Stadion des Fußballklubs Boca Juniors, dem Obelisken und
dem Observatorium.
> **Festival Danza Contemporanea.**
In allen geraden Kalenderjahren gibt es
das Festival des zeitgenössischen Tan-
zes: Aufgeführt wird u. a. im Centro Cultural Recoleta (http://festivales.buenos
aires.gob.ar/buenosairesdanza).

November

> **Feria de las Naciones.** Seit 1977 gibt
es diesen Markt der Völker mit Kunsthandwerk aus aller Welt im Centro de
Exposiciones (Figueroa Alcorta Ecke
Pueyrredón, www.feriadelasnaciones.
com.ar). Der Erlös geht an die öffentlichen Krankenhäuser.
> **Festival Internacional de Jazz.** Das inter-
nationale Jazzfestival der Stadt wartet mit

rund 150 Künstlern auf, die eine Woche lang an verschiedenen Orten Musik machen (www.buenosairesjazz.gob.ar).

› **Queer Tango Festival.** Seit 2007 findet auch in Buenos Aires ein Tangofestival für gleichgeschlechtliche Paare statt (www.festivaltangoqueer.com.ar).

Dezember

› **Día Nacional del Tango.** Der 11. Dezember ist der Geburtstag des Tangoidols Carlos Gardel und des Tango-Orchesterleiters Julio de Caro. Der Musikproduzent Ben Molar kam 1965 auf die Idee, daraus einen Tangofeiertag zu machen. 1977 wurde der „Nationale Tag des Tango" per Dekret landesweit eingeführt und wird seitdem mit vielen Veranstaltungen begangen.

› **Campeonato Abierto Argentino de Polo.** Die argentinischen Meisterschaften im Polo werden seit 1893 ausgetragen. Es ist das weltweit wichtigste Turnier dieser Art (www.aapolo.com).

› **Feria de Artesania.** Kunsthandwerkerausstellung auf dem Messegelände La Rural (s. S. 100, www.artesaniasbue.com.ar)

Buenos Aires für Citybummler

Selbst der umtriebigste Besucher verpasst in Buenos Aires immer etwas. Ständig passiert Neues in dieser hochnervösen Metropole. Die Porteños halten in diesem Wirbelwind der Veränderung nie an ihren Plänen fest. Mit diesem Kniff lässt sich Buenos Aires ganz gelassen entdecken.

Die Atmosphäre dieser turbulenten Stadt kann man in Ruhe in einem der **traditionellen Eckcafés** genießen. Hier treffen sich die Porteños, um ihren Lieblingsbeschäftigungen nachzugehen: Plaudern und Diskutieren, Flirten und Philosophieren. Das Café ist der Lebensmittelpunkt der Porteños. Hier lernen die Studenten, dichten die Schriftsteller, rechnen die

⌐ *Auf der Plaza del Congreso* **16**
gönnt die Stadt den Passanten eine Atempause

Buenos Aires für Citybummler

Büroangestellten und sinnieren die Rentner bei Milchkaffee und den – nicht wegzudenkenden – **drei medialunas**, wie die süßen Teighörnchen genannt werden. Glücklicherweise gibt es Cafés in allen *barrios* in ungeheurer Dichte, so verschieden die Stadtteile auch sind.

Das **historische Zentrum der Stadt** erstreckt sich südlich der **Plaza de Mayo ❶**. Als Buenos Aires 1580 an dieser Stelle zum zweiten Mal gegründet wurde, schwappte ein paar Schritte weiter, hinter dem **Regierungssitz Casa Rosada ❷**, noch das Wasser des Río de la Plata ans Ufer. Heute prägt die verblasste Eleganz der Wende zum 20. Jahrhundert das Bild. Bauten in französischem Stil mit Kuppeldächern und schmiedeeisernen Balkons säumen die Prachtallee **Avenida de Mayo ⓭**, die Richtung Westen führt. Im sich nördlich anschließenden Microcentro, auch **La City** (s. S. 86) genannt, konzentrieren sich Geld, Macht und Kommerz. Ganz in der Nähe befindet sich die neureiche Glitzerwelt des **Puerto Madero ㉔**. Aber auch Elendsviertel, die **villas miserias** (s. S. 54), liegen gut versteckt in nahezu unmittelbarer Nachbarschaft dieses protzigen Reichtums. Großbürgerlichen Schick findet der Besucher in **Recoleta ㉝**, das von Bewohnern stolz als „Klein-Paris" bezeichnet wird. Im Stadtteil **Palermo ㊱** bestimmen Schickimicki-Chichi und riesige Parks wie der **Parque Tres de Febrero ㊹** mit seinem Tretboot-Teich und dem schönen Rosengarten das Stadtbild.

Schlendernde Touristen trifft man vor allem in den kopfsteingepflasterten Gassen von **San Telmo ❼** und beim **Caminito ㉛**, einem winzigen, mit Souvenirshops und Cafés beladenen Fleckchen in **La Boca** (s. S. 90). Das alte Hafenviertel von Buenos Aires war Ende des 19. und Anfang des 20. Jahrhunderts Landepunkt der Einwanderer. Von seinen Tavernen breitete sich damals der **Tango** (s. S. 54) aus, der in jedem Winkel der Hafenmetropole gegenwärtig ist. Auch die Stadt Buenos Aires organisiert zahlreiche Tangoveranstaltungen: Viele sind gratis, wie die Konzerte des 33-köpfigen **Orquesta del Tango de la Ciudad de Buenos Aires**, das – wenn es nicht auf Tournee ist – etwa im Theater Presidente Alvear (Corrientes 1659) spielt.

Alle oben erwähnten Stadtviertel liegen weit auseinander: Vom **Caminito in La Boca** bis zum **Botanischen Garten in Palermo** etwa braucht man eine gute Dreiviertelstunde mit dem Bus. Es bietet sich also an, die Stadt *barrio* für *barrio* zu erkunden. Das schnellste Verkehrsmittel (s. S. 127) dafür ist die **Subte**, die Untergrundbahn. Zu Orten, die keinen Anschluss an die Subte haben, kommt man am günstigsten mit dem Bus, der **Colectivo** genannt wird. Als dritte Möglichkeit kann man das **Taxi** nutzen. Das ist recht üblich und relativ günstig – mit mehreren Personen allemal.

EXTRATIPP

Gut geplant

Unabdingbar für einen längeren Aufenthalt in Buenos Aires ist der Taschenstadtplan **Guia „T" De Bolsillo – Capital Federal**. Auf den rechten Seiten sind hier die Straßen samt Hausnummernhöhe verzeichnet, auf den linken Seiten findet man die Nummern der Colectivos, die durch die entsprechenden Planquadrate rechts fahren. Die Pläne gibt es an jedem Zeitungskiosk. Im Internet hilft http://comollego.ba.gob.ar bei der Orientierung.

Stadtbesichtigung mit dem Colectivo

Eine Fahrt mit dem **Colectivo** (s. S. 128) bringt den Fahrgast in die verschwiegendsten Winkel der Stadt und über die größten Boulevards. 15.000 Colectivos brausen unermüdlich durch Buenos Aires und kutschieren die Porteños von einem Ort zum nächsten und von einem Job zum anderen. Viele arbeiten auf den langen Fahrten dicke Akten durch oder schlafen vor Erschöpfung ein.

Einen guten Einstieg in die Welt der alten Mercedes-Benz-Busse bietet **der blau-rote 64er.** Schaukelnd prescht er an interessanten Sehenswürdigkeiten vorbei und verbindet zwei hübsche Ausflugsziele: Endhaltestelle ist auf der einen Seite das touristische Hafenviertel in **La Boca** (s. S. 90), auf der anderen Seite der kleine Park **Las Barrancas de Belgrano,** der an manchen Abenden zu einem ganz besonderen Versammlungsort wird.

Dazwischen liegt eine gute Stunde temporeicher Fahrt quer durch Buenos Aires: Der Reisende steigt in La Boca gegenüber dem **Museum Quinquela Martín** ㉙ ein und los geht es. Bei der alten Eisenbrücke **Puente Transbordador** ㉘ biegt der Colectivo in die Almirante Brown und fegt an der **Bombonera** ㉜ vorbei, dem Stadion des legendären Fußballklubs Boca Juniors. Am **Parque Lezama** ⑫ braust er in den Paseo Colón und streift **San Telmo** ⑦. Rechter Hand schwappte 1888 noch das Wasser des Río de la Plata. Hinter dem rosafarbenen Regierungssitz **Casa Rosada** ② schwenkt der Bus in die **Avenida Rivadavia** (s. S. 106) und schaukelt an der **Plaza de Mayo** ① vorbei die Avenida de Mayo ⑬ hoch. Beim

Überqueren der breitesten Straße der Welt, der **Avenida 9 de Julio** ㉑, kann der Reisende rechts einen Blick auf den **Obelisken** ⑳ werfen, das Wahrzeichen von Buenos Aires. Dann steuert der Colectivo direkt auf den monumentalen **Kongresspalast** ⑰ zu. Bei der Plaza Miserere biegt er in die quirlige Hauptschlagader des jüdischen Viertels **Once** ㊹ ein. Weiter nördlich durchquert er das großbürgerlich-elegante **Recoleta** ㉝. Die Fahrt führt am **Botanischen Garten** ㊴ und **Zoo** ㊵ vorbei über die Plaza Italia, dann durch **Las Cañitas,** Palermos Amüsierviertel. Wenig später hat der Bus die Endhaltestelle erreicht.

Links liegt der Park **Las Barrancas de Belgrano,** in dessen Mitte **La Glorieta,** ein zierlicher, alter Pavillon steht. Abends ab 19 Uhr füllt er sich mit Anwohnern, Spaziergängern und Touristen aus aller Welt, die den seufzenden Tönen der Bandoneons lauschen und einen Tango nach dem anderen tanzen.

EXTRAINFO

Stillstand auf der Straße

Zur **Hauptverkehrszeit** sind die Straßen verstopft und der Verkehr bricht zusammen: Jeden Morgen und jeden Spätnachmittag herrscht das völlige Chaos. Besser man steigt weder in ein Taxi noch in einen Colectivo, denn am schnellsten geht es dann zu Fuß voran oder mit der zum Bersten vollen Subte. Das gleiche gilt, wenn eine der unzähligen **Demos** die Innenstadt lahmlegt.

009ba Abb.: rk

Buenos Aires für Kauflustige

Als Erstes stößt der europäische Einkaufsbummler in der argentinischen Metropole auf das, was er von den Innenstädten zu Hause gewohnt ist: **Fußgängerzonen**. In Buenos Aires heißen sie **La Florida** [D3–D5] und **Lavalle** [A4–E4]. Die beiden Geschäftsstraßen durchziehen das Microcentro – auch leicht hochtrabend **La City** (s. S. 86) genannt – wie ein Kreuz. Hier wird gewerkelt, gebohrt und gehämmert, um alles wieder auf Hochglanz zu bringen. La Florida, die ehemalige Vorzeigestraße, sieht dabei etwas mitgenommen aus: Der Flaneur muss Baustellen umrunden, Läden sind verrammelt und auf Schritt und Tritt raunen und rufen die Geldhändler: „CambioCaaaaambio! Casa de Cambio!“ Entspannter geht es in der Lavalle zu. Zum Schauen und Shoppen aber eignen sich am besten die Galerías Pacífico ❷❸, eine der schönsten Einkaufspassagen der Stadt.

Zu einem weiteren Bummel lädt die kilometerlange **Avenida Santa Fé** mit ihren Klamottenläden ein. Eine Shoppingtour beginnt man am besten an der Ecke Santa Fé/Callao [B3]. Dort bietet sich ein Abstecher in das beeindruckendste Buchkaufhaus von Buenos Aires an: Das **Ateneo Gran Splendid** (s. S. 18) hat sich in einem alten Theater eingerichtet.

Im basarhaften **Once-Viertel** ❶❹ gibt es an der Avenida Pueyrredón dutzende winzige, von Billigangebo-

ten überquellende Läden. Kleine Boutiquen zum Stöbern findet der Flaneur dagegen in **Palermo Soho** rund um die **Plaza Cortázar** [aj] und in der Straße Serrano [aj].

Geschäfte mit einem ähnlichen Sortiment ballen sich in Buenos Aires wie durch Zauberhand meist an einem Ort. Das ist praktisch und spart Zeit. Schmuckliebhaber – Buenos Aires liegt schließlich am „Silberfluss“, dem Rio de la Plata – finden Juweliere in der Libertad (Ecke Avenida de Mayo [E4]), die meisten auf der Höhe der Hausnummern 200 bis 400. Sucht man **Bücher und CDs** wird man etwa in der Avenida Corrientes (Ecke Callao [B4]) fündig. Möchte man Unterwäsche kaufen, geht man in die Sarmiento (Ecke Pueyrredón [ck]). Dort liegen die kleinen Geschäfte, die **Spitzenwäsche** führen, dicht an dicht. Dabei kann man sich meist das gesamte Sortiment im überbordenden Schaufenster anschauen. Findet man in der Auslage nichts, das einen interessiert, lohnt es nicht, das Geschäft zu betreten: Häufig sind die Schaufenster größer als der Verkaufsraum. Der Verkäufer sucht gewöhnlich die gewünschte Größe eines Artikels aus den unendlichen Tiefen des hinteren Lagers heraus.

Begehrte Kaufobjekte sind **Ledererzeugnisse**: Ob Stiefel, Taschen oder Fellwesten – es gibt ein breites Angebot an guter, relativ preiswerter Ware. Lederwarengeschäfte gibt es überall in Buenos Aires, vor allem in der Fußgängerzone **La Florida** [D3–D5] und den Einkaufspassagen dort. Die eigentliche „Leder-Straße“ aber ist die **Murillo** ab Höhe Malabia (Subte B: Malabia/Osvaldo Pugliese). Hier reiht sich ein Ledergeschäft ans andere.

Shoppingareale

Die wichtigsten Shoppingbereiche der Stadt sind im Kartenmaterial mit einer rötlichen Fläche markiert.

Ein weiterer Exportschlager ist der Tango. Wer seinetwegen nach Buenos Aires kommt, landet in einem kleinen Einkaufsparadies. Eine Handvoll **Tanzschuhläden** in unmittelbarer Nachbarschaft findet man in der Straße Suipacha (Höhe Roque Saenz Peña). Eine zweite, kleine **Tangomeile** mit Schuhläden, Tangoboutique und Souvenirshop befindet sich in der Straße Tomás de Anchorena, direkt beim riesenhaften Einkaufszentrum **Mercado de Abasto** ⑯. Die größte Auswahl an **Tangokitsch**, vom Tango-Quartett bis zum Tanzpärchen unter der Laterne, gibt es im **Caminito** ㉛ in **La Boca** (s. S. 90). Auch Schilder mit der für Buenos Aires typischen **Filete-Malerei** kann man dort kaufen. Die zweite und viel schönere Möglichkeit: Zu einem der *fileteadores* gehen und sich ein Schild nach eigenen Vorgaben malen lassen (s. S. 20).

Zum Stöbern laden die sonntäglichen **Trödel- und Kunsthandwerksmärkte** ein, die sich ab zehn Uhr morgens auf den wichtigsten Plätzen und Parks der *barrios* ausbreiten und erst gegen Abend abgebaut werden. Am bekanntesten ist der Markt in San Telmo um die **Plaza Dorrego** ⑪. Weniger überlaufen und relativ untouristisch ist dagegen der Markt am **Parque Centenario** ㊼, der am Rande des bürgerlich-bescheidenen Almagro liegt.

Altes, Antikes und Kunsthandwerk

🔒**1** [E7] **Feria de Antiquarios,** Defensa 834 (Ecke Independencia), Subte C: Independencia, Di.–So. 10–19 Uhr, Mo. geschl. Hier lässt sich an verschiedenen Posten ausgiebig zwischen Kristalllüstern und alten Blechschildern, Postern und Porzellan stöbern.

010ba Abb.: mc

🔒**2** [E5] **Mercado de las Luces,** Avenida Julio A. Roca (Ecke Perú), Zentrum, Subte A: Perú, Subte C: Catedral, Subte E: Bolívar, Mo.–Fr. 11–19 Uhr, So. 14–19 Uhr. In einem alten Gemäuer in der Manzana de las Luces gibt es ein Dutzend Stände mit Antikem, Kitsch und Kunst.

🔒**3** [E7] **Pasaje de la Defensa,** Defensa 1179 (Ecke Humberto 1°), Subte C: San Juan, Di.–So. 10–19 Uhr, Mo. geschl. In drei schönen, zusammenhängenden Patios findet man allerhand Trödel: vom alten Kinderwagen bis zu

△ *Die Auswahl an Schuhen für Tangotänzerinnen ist groß und bunt*

Buenos Aires für Kauflustige

den Bruchstücken alter Straßenschilder, aber auch Mode und Kunsthandwerk.

🏠 **4** [D5] **Paseo de la Resistencia,** Avenida de Mayo 649 (Ecke Chacabuco), Microcentro, Subte A: Perú, Subte D: Catedral, Subte E: Bolívar, Mo.–Fr. 10–21 Uhr. Hausdurchgang mit rund einem Dutzend Ständen, an denen alternative Kunsthandwerker seit 2003 ihre Erzeugnisse anbieten.

🏠 **5** [E7] **Remates La Maja,** Humberto 1° 236/238 (Ecke Paseo Colón), San Telmo, Colectivos 33, 64, 152, Tel. 43616097, www.lamajaremates.com.ar, tgl. 10.30–18.30 Uhr. Ein großer Lagerraum, in dem ein Sammelsurium von Altem und Antikem, von Kaputtem und Kuriosem ausgestellt ist: kitschige Ölbilder und feines Porzellan, Kristalllüster und Silberspiegel, Marmortische und altes Spielzeug. Neben dem normalen Verkauf gibt es regelmäßig am letzten Donnerstag des Monats ab 20 Uhr eine Versteigerung.

Bücher und Musik

🏠 **6** [D5] **El túnel,** Avenida de Mayo 767 (Ecke Chacabuco), Microcentro, Subte A: Piedras, Subte C: Avenida de Mayo, Tel. 43312106, Mo.–Fr. 10–18 Uhr, Sa. 10–13 Uhr. In diesem etwas düsteren Antiquariat im Souterrain findet der Bücherwurm zwischen alten Schwarten, vergilbten Blättern und angestaubten Klassikern auch vergriffene Exemplare lateinamerikanischer Literatur.

🏠 **7** [E5] **La librería de Avila,** Alsina 500 (Ecke Bolívar), Microcentro, Tel. 43318989, Mo.–Fr. 8.30–20 Uhr, Sa. 10–14 u. 15–17 Uhr. Ein alter, weitläufiger Buchladen zum Stöbern mit einer großen Abteilung an antiquarischen Büchern im Keller.

🏠 **8** [aj] **Libros del pasaje,** Thames 1762 (Ecke Costa Rica), Palermo, Subte D: Plaza Italia, www.

EXTRATIPP

Schmökern vor pompöser Kulisse

Der schönste und größte Buchladen der Stadt befindet sich in einem alten Theater von 1919. Verschnörkelte Logen, die Bühne und ein roter Vorhang – alles ist noch da. Doch wo früher die Zuschauer saßen, stehen heute Regale mit Büchern und noch mehr Büchern. Und auf den Brettern, auf denen einstmals Carlos Gardel stand und sang, kann man heute Kaffee trinken. El Ateneo besitzt auch in der Fußgängerzone La Florida (Nr. 340 und 629) interessante Filialen.

🏠 **11** [B3] **El Ateneo Gran Splendid,** Santa Fé 1860 (Ecke Avenida Callao), Recoleta, Subte D: Callao, Tel. 48136052, www.yenny-elateneo.com, Mo.–Do. 9–22 Uhr, Fr./Sa. 9–24, So. 12–22 Uhr.

librosdelpasaje.com.ar, Tel. 48336637, Mo.–Sa. 10–22 Uhr, So. und feiertags 14–21 Uhr. Kleiner, hübscher Buchladen. Im kühlen Patio lädt ein kleines Café zu Kuchen und Sandwiches ein.

🏠 **9** [B5] **Librería de las Madres,** Hipólito Yrigoyen 1584 (Ecke Solis), Zentrum, Subte A: Congreso, www.madres.org, Tel. 43843261, Mo.–Fr. 10–21 Uhr. Neben allerlei politischer Literatur gibt es im Buchladen der Madres immer Zeit genug für ein Gespräch über Wirtschaft, Politik und das Leben, und danach einen Milchkaffee im angeschlossenen Café El Revolucionario (Mo.–Sa. 8–24 Uhr).

🏠 **10** [B4] **Losada,** Avenida Corrientes 1551 (Ecke Paraná), Zentrum, Subte B: Uruguay, www.editoriallosada.com, Tel. 43755001, Mo.–Sa. 10–22 Uhr. Buchladen des gleichnamigen Verlages.

❯ **Notorious** (s. S. 34), CD-Laden, Café und jede Nacht ab 21.30 Uhr Livemusik

12 [B4] **Zivals,** Avenida Callao 395 (Ecke Corrientes), Zentrum, Subte B: Callao, Tel. 43716978, www.zivals.com, Mo.–Sa. 9.30–21.30 Uhr. Der beste CD-Laden der Stadt mit einer großen Auswahl an Jazz-, Klassik- und Tango-CDs, kompetente Beratung inklusive. Darüber hinaus gibt es ein großes Sortiment an Büchern über Kunst und Literatur. Eine kleine Filiale hat Zivals im Viertel Palermo, in der Straße Serrano 1445. Allerdings ist die Auswahl dort wesentlich begrenzter.

Design aus Buenos Aires

13 [aj] **Palito Bombón Vestite,** Jorge Luis Borges 1680 (Ecke El Salvador), Palermo Soho, Subte D: Plaza Italia, Tel. 48330564, www.palitobombonvestite. com, tgl. 11–22 Uhr. Ob er eine Kreditkarte akzeptieren würde? Der junge Mann schaut die Kundin schief an und sagt dann ruhig: „Mit Banken mache ich keine Geschäfte." Wem die bunten und eigenwilligen Klamotten junger argentinischer Designer gefallen, der sollte also genug Bares einstecken. Die Preise sind nicht exorbitant hoch, die angebotene Kleidung bunt und ungewöhnlich.

14 [E7] **Punto Sur,** Defensa 1135, (Ecke Humberto 1°), San Telmo, Subte C: San Juan, Tel. 43009320, www. feriapuntosur.com.ar, tgl. 11–19 Uhr. In diesem Laden stellen junge argentinische Designer ihre Mode vor.

15 [ck] **The Dark King,** Corrientes 2616 (Ecke Paso), Once, Subte H: Corrientes, Tel. 49531669, www.thedarkking.com.ar, Mo.–Sa. 9.30–20 Uhr. Der jüngste Ableger des Labels, das mit Hip-Hop-Klamotten bekannt wurde, residiert an der Corrientes. Es gibt aber auch weiterhin die Filiale an der Avenida Pueyrredón 215, mitten im geschäftigen Once-Viertel, die bis unter die Decke vollgepackt ist mit den

weiten Hosen, die die meisten Männer hierher lockt.

16 [aj] **Vicky Biagiola Schmuck und Plastiken,** Werkstatt 19, Costa Rica 4684 (Ecke Armenia), Palermo, Subte D: Plaza Italia, Colectivo 29, Tel. 1563025957, vickybiagiola.blogspot. com. Der Schmuck der bildenden Künstlerin ist ungewöhnlich und schön. Als Kettenanhänger hat sie Sirenen mit Kupferhaaren entworfen und Giraffen mit schlenkernden Beinen. Vicky ist am Wochenende auf dem Kunsthandwerksmarkt der Plaza Francia (s. S. 21) zu finden, wo sie auch selbstgefertigte Kaleidoskope verkauft.

Einkaufspassagen

46 [ck] **Mercado de Abasto.** Im riesigen Abasto Shopping Center im Mercado de Abasto gibt es vieles, von dem das Herz noch nicht einmal ahnte, es begehren zu können: Klamotten und Schuhe, Schmuck und Parfüm. Daneben finden sich etliche Fast-Food-Lokale, Kinosäle und das sogenannte Museum der Kinder (s. S. 121), in dem die Kleinen die Welt der Erwachsenen kennenlernen.

17 [cj] **Alto Palermo Shopping Center,** Avenida Santa Fé 3253 (Ecke Bulnes), Palermo, Subte D: Bulnes, Mo.–So. 10–22 Uhr, www.altopalermo.com. ar. Die Einkaufspassage wurde 1990 eingeweiht.

18 [E5] **Galería Güemes,** Florida 165 (Ecke Bartolomé Mitre), schöner ist der Eingang San Martín 170, Microcentro, Subte D: Catedral, Subte A: Perú, Subte E: Bolívar, Tel. 43313041, www. galeriaguemes.com.ar, Mo.–Fr. 8–20 Uhr, Sa. 9–15 Uhr. Das Edificio Supervielle mit seinen 14 Stockwerken war einer der ersten Wolkenkratzer in Buenos Aires. 1913 begonnen, wurde der Art-Nouveau-Bau 1915 eingeweiht. Bei einem Brand in den 1970er-Jahren wurde allerdings die Fassade an der Florida zerstört. Die Einkaufspassage im Gebäude war eine der ersten in der Stadt und strahlt immer noch Ruhe und eine altertümliche Eleganz aus. Im Kellergewölbe wird allabendlich eine Tango-y-Cena-Show gezeigt (www.piazzollatango.com). Von der Aussichtsplattform des Torre Mitre im 14. Stock hat der Besucher einen herrlichen Rundblick über die Stadt. Einen Einlass für je 20 Minuten gibt es von Mo. bis Fr. von 9.20 bis 12 sowie von 15 bis 17.20 Uhr (20 Pesos).

🅲 [D3] **Galerías Pacífico.** Über 150 Geschäfte in eleganten, glasüberdachten Galerien. Hier macht das Schlendern auch notorischen Nicht-Shoppern Spaß.

Fileteadores

Filetes gibt es nur in Buenos Aires: Mit dieser über hundert Jahre alten naiven Werbemalerei wurden früher die Karren der Gemüsehändler und der Milchverkäufer verziert. Die Blumen und Ranken haben sich die Künstler von den Ornamenten der alten Häuser abgeschaut. Wer einen der *fileteadores* besuchen möchte, sollte vorher anrufen oder sich nicht grämen, falls der Maler nicht da ist.

🔒**19** [E7] **Jorge Muscia,** Carlos Calvo 370 (Ecke Defensa), San Telmo, Subte C: Independencia, Tel. 155 328 0952, www.muscia.com. Der Maler beschäftigt sich mit der Kombination von *filetes* und Tango.

🔒**20** [E7] **Martiniano Arce,** Perú 1089 (Ecke Humberto Primo), San Telmo, Subte C: Independencia, Tel. 43622739, www.martinianoarce.com. Einer der bekanntesten *fileteadores* in Buenos Aires.

🔒**21** [D7] **Miguel Angel,** Chile 886 (Ecke Tacuari), San Telmo, Subte C: Independencia, Tel. 43420526, Mo.–Sa. 10–19 Uhr. Durch die große, mit *filetes* bemalte Fensterfront kann man in die Werkstatt spähen. Noch netter ist es aber, einfach hineinzugehen. Meist nimmt sich Miguel Angel Zeit für ein Schwätzchen bei einem Mate.

011ba Abb.: mc

Märkte mit Trödel, Kitsch und Kunst

Am Wochenende und feiertags verwandeln sich beinahe jedes Plätzchen und jeder Park in Buenos Aires in einen bunten Markt *(feria)*.

22 Feria de Mataderos, Avenida Lisandro de la Torre (Ecke Los Corrales), Mataderos, Colectivos 36, 55, 63, 80, 92, 103, 117, 126, 141, 155, 180, www.feriademataderos.com.ar, Tel. 43429629 (Mo.-Fr.), Anfang März bis Mitte Dezember So. 11-20 Uhr. Weit außerhalb gelegen, aber ein sehenswertes Fleckchen: Ein Markt mit Lederwaren und Kunsthandwerk, dazu gibt es am Wegesrand gegrillte Köstlichkeiten und ein paar mit bunten Trachten ausstaffierte Argentinier. Hier tanzen alle irgendwann Chamamé oder Chacarera – auch ohne Tracht.

23 [E7] Feria de San Telmo, Defensa (Ecke Humberto 1°), San Telmo, Subte C: San Juan oder Independencia, www.feriadesantelmo.com, So. 10-17 Uhr. Trödel, Kitsch und Antikes, Tango-Orchester und Tanzpärchen, Pantomimen und Sänger – am Sonntagnachmittag gibt es in San Telmo viel zu sehen. Gegen Abend treffen sich Touristen aus aller Welt auf der Plaza Dorrego und drehen ein paar Runden Tango unter freiem Himmel.

24 [B1] Feria Plaza Francia, Pueyrredón (Ecke Avenida del Libertador), Recoleta, Colectivos 10, 17, 37, 38, 41, 59, 60, 61, 62, 67, 92, 93, 95, 101, 102, 108, 110, 118, 124, 130, Sa./So./Fe. 11-20 Uhr. Ein Markt nur für Kunsthandwerker und eines der sympathischsten Fleckchen dieser Art in Buenos Aires.

◁ *Miguel Angel malt in seiner Werkstatt persönliche Mitbringsel*

25 [bi] Feria Plaza Italia, Santa Fé (zwischen Thames und Darragueyra), Palermo, Subte D: Plaza Italia, Sa.-So. 10-20 Uhr. Kunsthandwerk, peruanische Folkloretruppen und mehr.

26 [ak] Paseo de los Artesanos, Parque Centenario, Avenida Díaz Velez und Leopoldo Marechal, Caballito, Subte B: Angel Gallardo, Colectivos 24, 99, 105, 124, 146, Sa.-So. 10-20 Uhr. Sympathischer Kunsthandwerksmarkt mit wenig Touristen.

Rund um den Tango

27 [C5] Club de Tango, Paraná 123 (Ecke Bartolomé Mitre), 5. Stock, Büro 114, Zentrum, Subte A: Saenz Pena, Tel. 43727251, www.clubdetango.com.ar, Mo.-Fr. 12-17.45 Uhr. Oscar B. Himschoot war einer der großen Tangofachleute. Seine Witwe führt seinen kleinen, vollgepackten Laden weiter. Hier gibt es ein Sammelsurium an Tangobüchern und -CDs, Originalpartituren, Postkarten und Pins.

28 [C3] Comme il faut, Arenales 1239 (Ecke Libertad), Recoleta, Colectivo 39, Tel. 48155690, www.commeilfaut.com.ar, Mo.-Fr. 11-19 Uhr und Sa. 11-15 Uhr. Hinter dem Eingang an der Arenales 1239 befindet sich eine winzige Kunsthandwerkerstraße und dort im Haus 3 im zweiten Stock (Apartment „M") ein winziger Laden. Hier gibt es allerhand schöne Schuhe, die allerdings erst aus den Tiefen des Lagers hervorgeholt werden müssen. Die meisten Käuferinnen tasten sich über die Farbe an ihr Modell heran: grau mit rosa? Größe 7? Die Verkäuferin läuft los und kehrt einen Turm Kartons balancierend zurück.

29 [E7] Cosmo María Jazmin, Humberto Primo 578 (Ecke Perú), San Telmo, Subte C: San Juan, Tel. 43070308, Mo.-Do. 12-16 und 17.30-20 Uhr, Fr./Sa. 12-20 Uhr. In dem kleinen Atelier für Tangokleider dominiert ein großer Tisch den Raum, auf dem Pailletten, Perlen und Bordüren liegen: Hier wird abgesteckt und zugeschnitten. An der Wand ein paar Stoffballen, daneben die Kleider, die María Jazmin als Grundmodelle nutzt. Die Kundin kann so ihr Lieblingskleid selbst zusammenstellen und nach sieben bis zehn Tagen abholen.

30 [D5] **Flabella**, Suipacha 263 (Ecke Roque Saenz Peña), Microcentro, Subte B: Pellegrini, Subte C: Diagonal Norte, Subte D: Avenida 9 de Julio, Tel. 43226036, www.flabella.com, Mo.–Fr. 10–21 Uhr, Sa. 10–18 Uhr. Ein winziger Laden, in dem sich die Schuhkartons an den Wänden stapeln. Flabella wurde 1980 gegründet und ist somit wohl der älteste, auf Tangoschuhe spezialisierte Laden. Gute Qualität zum günstigen Preis. Wer ein Paar gefunden hat, sollte es mitnehmen, denn zurückgelegte Schuhe sind kurze Zeit später unauffindbar. Praktischerweise gibt es in der Straße Suipacha einen Tangoschuhladen neben dem anderen.

31 [ck] **Loló**, Anchorena 607 (Ecke Lavalle), Subte B: Carlos Gardel, Tel. 49623860, Mo.–Sa. 11–16 Uhr, Loló Gerard hält neben Schuhen mit hohen Absätzen auch eine Auswahl an Modellen mit niedrigerem Absatz bereit.

32 [B5] **Neotango**, Sarmiento 1938 (Ecke Riobamba), Zentrum, Subte B: Callao, www.neotangoshoes.com, Tel. 49518694, Mo.–Fr. 10.30–19 Uhr, Sa. 11–16 Uhr. Irma und Rodolfo haben Tangoschuhe für Sie und Ihn in allen Farben. Die Schuhe werden in der Auslage präsentiert und müssen nur noch in der richtigen Größe herbeigeschafft werden.

▷ Bei Pippo (s. S. 27) erwarten den Gast leckeres Essen und freundliche Kellner

Buenos Aires für Genießer

Essen und Trinken

Argentinien ist wohl das einzige Land der Erde, in dem die Anzahl der täglich geschlachteten Rinder selbst den größten Tageszeitungen eine Schlagzeile wert ist. Schließlich ist der Fleischpreis Gradmesser der Wirtschaftskraft, ach was, der ganzen Stimmung im Land. Sinkt die Anzahl der geschlachteten Rinder, wird der Porteño nervös und glaubt sich am Anfang einer Hungerkatastrophe. Denn ein Argentinier ernährt sich vorzugsweise von gegrilltem Fleisch. Und Fleisch heißt in diesem Fall **Rindfleisch**! Geflügel oder Lamm gelten in Argentinien nicht als *carne* (Fleisch). Der Staat hat ein waches Auge auf den Preis. Fleisch ist in Argentinien daher recht günstig – und ausgesprochen lecker. Ohne in den Superlativ der Porteños verfallen zu wollen: Hier gibt es die besten Steaks der Welt!

Gegrillt wird das Fleisch auf der **parilla**. Viele Restaurants haben solch einen Grill und so heißt denn auch der Ort dieses Genusses: *parilla*. In einigen Restaurants wie dem DesNivel (s. S. 25) kann man beim Grillen sogar zuschauen. Neben dem **Bife de chorizo**, dem saftigen Steak vom Rind, gibt es aber auch **Hühnchen** und **Schweinefleisch**, verschiedene **Würste** und **Innereien** oder die **Provoleta**, eine ge-

Gastro- und Nightlife-Areale
Bläulich hervorgehobene Bereiche in den Karten kennzeichnen Gebiete mit einem dichten Angebot an Restaurants, Bars, Klubs, Discos etc.

O12ba Abb.: rk

würzte, dicke Käsescheibe vom Grill. Dazu passt ein **tinto**, ein Rotwein aus einem der argentinischen Anbaugebiete. Ob Malbec, Tempranillo oder Cabernet Sauvignon – die argentinischen Weine wie der Rincón Famoso der Kellerei López (www.bodegas lopez.com.ar) sind samtig-weich und köstlich. Selbst ein üblicher Tafelwein wie Vasco Viejo ist sehr lecker. Möchte man trotzdem lieber ein Glas **Bier** trinken, verlangt man ein **chop**, einen „Humpen". Oft werden Nüsse und Salzgebäck dazu gereicht. Fragt man nach *cerveza,* bekommt man meist eine Literflasche Quilmes, *das* argentinische Bier, serviert. Unter den Softgetränken ist der *pomelo,* eine herbsüße Pampelmusenbrause, eine gute Wahl.

Isst der Porteño kein Fleisch, was selten vorkommt, greift er zu **Pizza und Pasta.** Beides stellt er mit wahrer Meisterschaft her, kein Wunder bei der großen Zahl an Italienern, die nach Buenos Aires eingewandert sind. Die Pasta kann man auch sehr

gut zu Hause zubereiten. Es gibt viele kleine Läden, die frische hausgemachte Nudeln aller Art verkaufen. Ob man sich für einfache Spaghetti oder Ravioli mit Ricotta und Walnüssen entscheidet – beides ist gleichermaßen köstlich! Dazu werden oft selbst gefertigte Soßen zum Kauf angeboten (z. B. im Nudelladen „Verm y Cheli" in der Jorge Luis Borges 2437, Ecke Güemes). Als Snack zwischendurch eignen sich *empanadas,* gefüllte Teigtaschen, die es oft in Nudelläden, aber auch in Bäckereien oder

KURZ & KNAPP

Rekord im Steakverbrauch

Die Argentinier lieben ihre Rinder – besonders gerne sehen sie sie auf ihrem Teller. Auch wenn der Pro-Kopf-Verbrauch auf 52 kg im Jahr gesunken ist, sind das immer noch 9 kg mehr, als die US-Amerikaner essen. Kein Wunder: Auf 40 Millionen Argentinier kommen 49 Millionen Rinder.

Ritual der Indianer: Mate trinken

Er stärkt den Kreislauf! Er stillt den Hunger! Und vor allem: Er macht wach! Dem **Mate** *werden viele magische Eigenschaften zugeschrieben. Kein Wunder, dass Mate sich zum Nationalgetränk der Argentinier entwickelt hat. Pro Jahr verbraucht jeder durchschnittlich 6,4 kg des* **Krauts.** *Denn Mate ist kein Tee! Die* **yerba** *(Kraut) besteht aus den klein gehäckselten und getrockneten Blättern und Stängeln eines Ilex-Baumes. Schon die Ureinwohner tranken das Gebräu. Doch mehr als ein Getränk ist „Mate trinken" ein Ritual unter Freunden, das zu Hause, bei der Arbeit oder sonntags im Park zelebriert wird.*

Zubereitet wird der Trank vom **cebador,** *dem „Servierer". Er füllt die* **yerba** *in ein Gefäß, oft in einen präparierten Kürbis, die* **calabaza.** *Dann kommt die* **bombilla** *hinein, ein metallischer Strohhalm, der unten mit einem Sieb verschlossen ist, damit keine Stückchen in den Mund gelangen. Der „cebador" fügt heißes Wasser - meist aus einer Thermoskanne - dazu. Das Wasser darf zuvor keinesfalls gekocht haben, sonst „wäscht" der Geschmack des Krautes zu schnell aus. Den ersten Aufguss trinkt der Servierer selbst, denn der ist noch ziemlich bitter. Dann füllt er heißes Wasser nach und reicht den Mate - mit der „bombilla" voran - an den neben ihm Sitzenden. Dieser reicht das Gefäß zurück, wenn er ausgetrunken hat und so macht der Mate seine Runde. Nach einiger Zeit kommt neues Kraut in die „calabaza".*

Menschen aus ärmeren Schichten trinken Mate mit viel Zucker als Nahrungsersatz. Andere schwören auf ihren Mate, weil sie glauben, damit das viele gegrillte Fleisch besser verdauen zu können. Manche fügen zur „yerba" noch weitere Kräuter wie etwa Minze oder Melisse hinzu. Man kann Mate sogar mit kaltem Wasser aufgießen oder mit Zitrusfruchtsäften. So zubereitet heißt das Getränk **tereré.**

Das Wesentliche des Mate-Rituals aber ist das Kreisen der „calabaza" als Zeichen der Brüderlichkeit und des Friedens.

kleinen Pizzaläden gibt. Zu den Klassikern zählen Schinken-Käse *(jamón y queso),* Hühnchen *(pollo),* Mais *(choclo)* und Gemüse *(verdura).*

Süßes

Argentinier mögen es gerne süß: Die vielen **heladerías** (Eisdielen), sind wie Pizza und Pasta ein Erbe der italienischen Einwanderer. Hier werden phänomenale Eiskreationen angeboten. Speiseeis ist zwar relativ teuer, aber unglaublich gut. Am besten man isst die Leckerei vor Ort, denn die Temperaturen und die winzigen Waffeln, die mit einer Riesenportion gefüllt sind, sorgen bei einem Eis für unterwegs schnell für ein klebriges Desaster.

Die typische süße Spezialität aus Argentinien ist aber **dulce de leche**, eine karamellisierte Milchcreme, die auf Brot gestrichen oder als Kuchenfüllung verwendet wird. Daraus ergibt sich ein zweites typisches Erzeugnis: **alfajores**, aufeinander geschichtete, kleine runde Kekse, die mit *dulce de leche* gefüllt und in Schokolade oder Eischnee getunkt wurden. Die bekanntesten Marken sind Jorgelín, die es an jedem Kiosk zu kaufen gibt, und Havanna, die es in eigenen Havanna-Läden gibt. Was man allerdings keinem Porteño sagen darf: Noch leckerer sind *alfajores* von Chimbote aus dem Seebad Mar del Plata.

Wann was wo essen

Frühstückt der Porteño nicht zu Hause, dann geht er in sein Eckcafé, trinkt einen *café con leche* und isst dazu drei *medialunas,* Hörnchen aus Milchteig. Zur **Mittagszeit,** montags bis freitags zwischen 12 und 15 Uhr, bieten die Restaurants das mehrgängige und sehr günstige *menu ejecutivo* an, das „Menü für Angestellte". Aber auch das Eckcafé wartet zu dieser Zeit mit einem Mittagstisch auf oder mit Kleinigkeiten, die den Hunger stillen. **Abends** öffnen die Restaurants wieder ab 20 Uhr. So früh sind jedoch nur Touristen unterwegs. Der Porteño geht in großer Runde mit Familie und Freunden zwischen 22 und 23 Uhr essen, bevor er sich ins Nachtleben stürzt. Übrigens: Abends im Restaurant muss man für das *cubierto,* das Gedeck, häufig rund einen Euro zahlen.

Smoker's Guide

Ein Porteño ohne Zigarette? Das war früher selten zu sehen, doch seit 2006 ist **Rauchen in gastronomischen Betrieben untersagt.** Seither gibt es kein Café, ohne den obligatorischen Zettel an der Wand: Rauchen verboten. Für die Porteños ist das – wider Erwarten – kein Problem: Man trifft sich zum Plaudern, Geschäfte beschließen und Qualmen draußen vor der Tür. Das Rauchverbot gilt auch für Shoppingmalls, Internetcafés und öffentliche Gebäude.

Hervorhebenswerte Lokale

Restaurants mit parilla

🕧**33** [B5] **Chiquilín** €€, Sarmiento 1599 (Ecke Montevideo), Zentrum, Subte B: Callao oder Uruguay, Tel. 43735163, www.chiquilin-argentina.com.ar, So.–Do. 12–2 Uhr, Fr./Sa. 12–3 Uhr. „Wenn Du heimkommst aus New York, aus Madrid oder Hongkong, gibt es für Dich ein Steak und eine Umarmung im Chiquilín", meint Tangodichter Horacio Ferrer werbewirksam. Das Eckrestaurant mit den roten Baldachinen über den Fenstern zu betreten, hat tatsächlich etwas von „nach Hause kommen". Seit 1927 gibt es dieses Lokal, schon deshalb ist es von der Stadt zur touristischen Sehenswürdigkeit erhoben worden. Auf zwei Etagen kann man zwischen Schinken, die von der Decke baumeln, mittags günstig ein mehrgängiges *menu ejecutivo* mit vielen leckeren Vorspeisen vom kalten Büffet essen. Und natürlich speist man hier auch abends hervorragend.

🕧**34** [E7] **DesNivel** €, Defensa 855 (Ecke Estados Unidos), San Telmo, Subte C: Independencia, Colectivos 22, 45, 64, 86, Tel. 43009081, tgl. 12–16 Uhr und ab 19 Uhr. Am Eingang wird über offenem Feuer gebrutzelt, was das Herz des Grillliebhabers begehrt: Vom *bife de chorizo,* dem saftigsten Steak, über *morcillas* (Blutwürste) bis zur *provoleta,* der dicken, gewürzten Käsescheibe. Die *parilla* in San Telmo ist bei allen Touristen der Hit. Die Kellner bieten in ihrer

Preiskategorien

Die Preiskategorien beziehen sich auf ein Hauptgericht mit Getränk.

€	um 15 €
€€	um 25 €
€€€	um 35 €

Kleines Wörterbuch für Feinschmecker

Im Grill-Restaurant

parilla	Grill, Grillrestaurant
bife de lomo	zartes Filet ohne Fettrand
bife de chorizo	Steak mit Fettrand, daher besonders saftig
vacio	einfacheres Fleisch
tira de asado	Rippen vom Rind
jugoso	blutig
a punto	medium
bien hecho	durchgebraten
provoleta	dicke, gewürzte Käsescheibe
chorizo	Bratwurst mit Paprika
morcilla	Blutwurst
ternera	Kalbfleisch
pollo	Huhn
pata	Hühnchenschenkel
pechuga	Bruststück vom Huhn

Am Straßenimbiss

choripan	aufgeschnittenes Brötchen mit Grillwurst
chimichuri	scharfe, leckere, ölige Sauce

pancho	Hotdog
matambre	sehr dünn geschnittenes Fleisch
milanesa	Wiener Schnitzel

Im Café

café con leche	Milchkaffee
café solo	Espresso
café cortado	Espresso mit etwas Milch
una lágrima	eine „Träne", eine Espressotasse voll Milch mit einem Schuss Espresso
submarino	Tasse heiße Milch mit eingetauchtem Schokoladenriegel
azúcar	Zucker
edulcorante	Süßstoff
medialuna de manteca	süßes Butterhörnchen
medialuna de grasa	süßes, in Fett gebackenes Hörnchen

leicht schnodderigen, nonchalanten Art kurzweilige Unterhaltung – darüber können sie schon mal mit dem Bedienen in Verzug kommen – genug Zeit sollte man also mitbringen.

KURZ & KNAPP

Parilla? Parilla!

Das wichtigste Wort in Argentinien? *Parilla* – Grill! Viele Restaurants in Buenos Aires haben solch eine *parilla* und so heißt denn auch der Ort dieses Fleischschmauses vom Grill: *parilla*. Bestellt der Gast eine *parillada*, dann wird ihm ein buntes Allerlei gegrillter Köstlichkeiten gebracht.

📻35 [bj] **Don Julio** €€, Guatemala 4699 Ecke Gurruchaga, Palermo Soho, Subte D: Plaza Italia, Tel. 48319564, tgl. 12–16.30 Uhr und 19.30–1 Uhr, www.parrilladonjulio.com.ar. Hierher kommen viele Touristen, besonders gerne US-Bürger. Nichtsdestotrotz ist das Essen gut, wenn auch etwas teurer als in anderen *parillas*. Die Atmosphäre ist elegant-rustikal: Auf den Tischen liegen braune Lederhäute über weißen Tischdecken, an den Ziegelsteinwänden stehen leergetrunkene Rotweinflaschen, auf deren Etiketten die Gäste ihre Kommentare notiert haben. Einen guten Überblick über das Geschehen im Lokal hat man von den Tischen auf der Empore.

36 [E8] **Lezama** €€, Brasil 359 (Ecke Defensa), San Telmo, Colectivos 10, 22, 24, Tel. 43610114, Di.–Sa. 12–16.30 Uhr u. 20–2 Uhr, So. 12–2 Uhr. Ein wundervoll lebendiges und lautes Restaurant mit *parilla*. Leckeres Essen, leckere Weine und nette Kellner.

37 [B4] **Pepito** €€, Montevideo 383 (Ecke Corrientes), Zentrum, Subte B: Callao oder Uruguay, Tel. 43744514, tgl. 12–24 Uhr. Ein Klassiker unter den Restaurants: Etwas feiner und etwas teurer als sein Nachbar Pippo und nicht ganz so bekannt wie das Chiquilín, nichtsdestotrotz ist das Essen gut und die Bedienung angenehm.

38 [B5] **Pippo** €, Montevideo 341 (Ecke Corrientes), Zentrum, Subte B: Callao oder Uruguay, Tel. 43740762, www.pipporestaurant.com, tgl. 11–3 Uhr. Recht günstiges und gutes Fleisch vom Grill und mehr. In dem großen Saal trifft sich halb Buenos Aires zum Mittag- oder Abendessen und sorgt für eine wuselige, lebendige und lautstarke Atmosphäre.

013ba Abb.: rk

Pizzerien

39 [C4] **Banchero** €, Corrientes 1290 (Ecke Talcahuano), Zentrum, Subte B: Uruguay, Subte D: Tribunales, Tel. 43824669, www.bancheropizzerias.com.ar. Der italienische Einwanderer Agustín Banchero und sein Sohn Juan haben Pizzageschichte geschrieben: Sie waren die Erfinder der *fugazza con queso*. Wer eine Pizza bei Banchero verspeist, wird um diese Anekdote nicht herumkommen – sie hängt an jeder Wand. 1932 eröffnete Juan seine erste Pizzeria in La Boca (Ecke Avenida Almirante Brown und Suarez). Der Laden wurde von bekannten und weniger bekannten Helden der damaligen Zeit gern besucht: Der Maler Quinquela Martín war unter den Gästen, die Schauspielerin Tita Merello und angeblich hat selbst Evita hier ihre Pizza gegessen. Diese Tatsache und die Erfindung jener sagenhaften *fugazza con queso*, der ersten Pizza, die mit viel Zwiebeln und Mozzarella zubereitet wurde, führte dazu, dass der Laden in La Boca vom Kulturministerium zum Kulturerbe der Stadt Buenos Aires erklärt wurde. Eine dritte Banchero-Pizzeria gibt es im Stadtviertel Once, in der Avenida Pueyrredón 123.

40 [C3] **El Cuartito** €, Talcahuano 937 (Ecke Paraguay), Subte D: Tribunales, Colectivo 39, 152, 111, Tel. 48161758, www.galeriaelcuartito.com.ar, Di.–So. 12–2 Uhr. 1934 gegründet, ist dies wohl die beliebteste Pizzeria der Porteños. Am

An der Ecke Montevideo und Corrientes [B4] gibt es viele beliebte Grillrestaurants

Tresen kann man im Stehen speisen, im *cuartito*, dem „Zimmerchen" daneben, im Trubel gemütlich sitzen. Nach einem Abend im Teatro Colón ein Muss.

41 [C3] **Piola** €€, Libertad 1078 (Ecke Av. Santa Fé), Zentrum, Subte D: Tribunales, Tel. 48120690, Mo.–Fr. 12–16 und 18–2 Uhr, Sa./So. 19.30–3 Uhr. Diese Pizzeria bietet nicht nur sehr leckere, flache Pizzen, sondern auch ein entspanntes Ambiente mit einem DJ, der angenehme Musik auflegt, angesiedelt irgendwo zwischen argentinischem Hip-Hop, Reggae und Pop aus aller Welt. Später am Abend eines beliebigen Wochenendes gibt es hier noch mehr „onda para bailar", sagt die junge Bedienung, „noch mehr Tanzatmosphäre". Dann ist die gut ausgestattete Bar vorne gefragt und für laue Sommernächte der Patio weiter hinten.

Weitere empfehlenswerte Lokale

42 [E6] **Abuela Pan**, Chile 518 (Ecke Bolívar), San Telmo, Subte C: Independencia, www.abuelapan.com.ar, Tel. 43614936, Mo.–Fr. 8–19 Uhr, So. 9–16 Uhr, Sa. geschl. Daniel Suarez hat

Lecker vegetarisch

Selbst bei den Porteños wächst das Interesse an vegetarischer Kost! Eines der ältesten Restaurants für **vegetarische Speisen** ist das sonnige Esquina de las Flores (s. S. 28) im Stadtteil Palermo. In San Telmo bietet das kleine Lokal Abuela Pan köstlichen **vegetarischen Mittagstisch** (s. S. 28). Und natürlich bleiben die vielen **Pizzerien** wie etwa das Banchero (s. S. 27), bei dem man sich durch die *fugazzas* und *fugazzetas* probieren kann, bis man zu wissen glaubt, worin der Unterschied besteht.

das kleine, ruhige Restaurant in Gedenken an seine Großmutter María Rosa Pan eröffnet. Zwischen alten Backsteinwänden kann man in freundlichem Ambiente zwischen drei verschiedenen vegetarischen Speisen wählen, die alle gleichermaßen lecker und günstig sind. Abuela Pan verkauft auch Vollkornbrot.

43 [A6] **El Español** €, Rincón 192 (Ecke Alsina), Zentrum, Subte A: Pasco oder Congreso, Tel. 49514722, www.elespanolrestaurant.com.ar, Mittagstisch ab 11.30 Uhr, geöffnet bis 00.30 Uhr, Fr./Sa. bis 1.30 Uhr. In das extrem günstige Restaurant mit seinen roten Baldachinen verirrt sich nur aus Versehen mal ein Tourist. Auf zwei Etagen ist der Laden sowohl zum Mittagstisch, als auch zum Abendessen immer rappelvoll. Hier isst man hauptsächlich gegrilltes Hühnchen oder Rind mit Pommes und Salat. Die Preise richten sich nach der Uhrzeit, zu der man speist: am günstigsten ist es vor 13.30 Uhr.

44 [bi] **El Preferido de Palermo** €, Jorge Luis Borges 2108 (Ecke Guatemala), Palermo, Subte B: Plaza Italia, Colectivos 12, 64, Tel. 47746585, Mo.–Sa. 10–24 Uhr. In dem Kolonialwarenladen von 1953 wird das Essen an Stehtischen serviert, die Gäste nehmen auf hohen Hockern Platz. Im angeschlossenen Restaurant geht es edler zu (12–16 Uhr und 20–24 Uhr).

45 [aj] **Esquina de las Flores** €€, Gurruchaga 1630 (Ecke Honduras), Palermo, Colectivos 109, 141, 151, Tel. 48311537, www.esquinadelasflores.com.ar, Mo.–Sa. 10–20 Uhr, So. 10–18 Uhr. Freundliches vegetarisches Restaurant mit makrobiotischer Kost. Das leckere Essen wird im kühlen Patio

▷ *In der Café-Bar El Federal (s. S. 29) fühlt man sich in alte Zeiten versetzt*

oder in der Sonne unter gelben Schirmen serviert. Dazu bietet ein Laden alle Produkte zum Mitnehmen an. Selbst Kochkurse kann man hier belegen.

🚻46 [E7] **San Telmo Plaza** €, Perú 1017 (Ecke Humberto Primo), San Telmo, Subte C: Independencia, Tel. 43009579, 43078992, mittags: Di.–Do. 12–15.30 Uhr, abends: Di.–So. 20–23.30 Uhr. Ein kleines, unprätentiöses Restaurant, das man beim Vorbeischlendern mit Sicherheit übersieht, weshalb besonders die Nachbarn in den Genuss der leckeren hausgemachten Nudelgerichte kommen.

Cafés und mehr

In Buenos Aires ist es unmöglich, auf den nächsten hundert Metern kein Café zu finden. Die Stadt hat mehr als einhundert dieser Lokale als *bar notable* ausgezeichnet, als „bemerkenswertes Lokal", um damit die kulturelle Bedeutung dieser Lebensorte zu unterstreichen.

🚻47 [E8] **Bar Británico** €, Avenida Brasil 399 (Ecke Defensa), San Telmo, Colectivos 22, 29, 53, Tel. 43612107, geschl.: Di. 0–8 Uhr. Das Británico ist Zufluchtsort für die Nachbarschaft, für Künstler und für Nachtschwärmer, und das täglich 24 Stunden lang bis auf die Nacht zum Dienstag.

🚻48 [A5] **Bellagamba Bodegón**, Avenida Rivadavia 2138 (Ecke Rincón), Subte A: Pasco, Tel. 49515833, tgl. 9–4 Uhr, Fr./Sa. bis 6 Uhr. Vor rund hundert Jahren war das Bellagamba bekannt für seine Speisen, heute ist die altertümlich-heimelige Kneipe Treffpunkt für junge Nachtschwärmer, die nach Mitternacht hier ihr Bier oder einen Cocktail genießen.

🚻 [D5] **Café Tortoni** €€. Seit 1880 gibt es das Café Tortoni, das im Laufe der Zeit eine Institution geworden ist. In den 1930er-Jahren war es als Hort der Intel-

lektuellen bekannt. Heute kommen fast ausschließlich Touristen her.

🚻49 [B5] **Café Victoria**, Entre Rios 114 (Ecke H. Irrigoyen), Zentrum, Subte A: Congreso, Tel. 43722754, www.victoriabarnotable.com.ar, tgl. 7.30–1 Uhr, Fr./Sa. bis 3 Uhr. Ein typisches, beliebtes Eckcafé mit traditioneller Atmosphäre und ein hervorragender Ort zum Beobachten.

🚻50 [E7] **El Federal** €, Carlos Calvo 599 (Ecke Perú), San Telmo, Subte C: Independencia, Tel. 43004313, Mo.–Sa. 8–2 Uhr, So. 13–1 Uhr. Eine Café-Bar, die – dem Viertel gemäß – hauptsächlich von Touristen besucht wird. Nichtsdestotrotz: Das Interieur mit dem lan-

014ba Abb.: mc

gen, dunklen Holztresen und dem alten Mobiliar versetzt den Gast in eine andere Zeit. Wer vorbeikommt, sollte unbedingt einkehren, einen Milchkaffee trinken und Zeitung lesen oder einfach nur in die Gegend träumen.

51 [B4] **El gato negro,** Corrientes 1669 (Ecke Rodriguez Peña), Zentrum, Subte C: Callao, www.elgatonegronet.com.ar, Mo.–Sa. ab 9 Uhr, So. 15–23 Uhr. Seit 1928 befindet sich ein Tee- und Gewürzeladen hier, dann kam ein Café dazu. Wer den Geruch von Vanille, Zimt und Kardamom liebt, wird seinen Kaffee gerne zwischen den hohen Regalen mit ihren Holzschubfächern trinken.

52 [B5] **La Academia** €, Callao 368 (Ecke Corrientes), Zentrum, Subte B: Callao, Subte A: Congreso, tgl. 0–24 Uhr. Hier treffen sich Künstler, Musiker und die Nachbarn zum Arbeiten, um einen Toast zu essen oder mitten in der Nacht an einem der Billardtische im Extrasaal hinten die Zeit zu vertrödeln.

53 [bl] **Las Violetas** €€, Rivadavia 3899 (Ecke Medrano), Almagro, Subte A: Castro Barros, www.lasvioletas.com, Tel. 49587387, tgl. ab 8 Uhr. Als am 21. September 1884 das Café Las Violetas

◹ Im Las Violetas herrscht eine angenehm untouristische Alltagsatmosphäre

eröffnete, nahm sich sogar der spätere Präsident des Landes, Carlos Pellegrini, eine Pferdedroschke, um dabei zu sein – so erzählt man sich. An seinem Tisch allerdings kann man nicht mehr sitzen, denn das jetzige Gebäude ist erst um das Jahr 1920 entstanden. Der von Licht durchflutete hohe Raum mit den dicken Säulen und die kunstvoll gearbeiteten Glasfenster sind einen Besuch wert. Aber noch schöner ist die untouristische Normalität, mit der man hier die Atmosphäre eines Jugendstilkaffeehauses genießen kann.

○**54** [G10] **Roma** €, Almirante Brown 1289 (Ecke Olavarría), La Boca, Colectivo 29, 33, 64, Mo.–Fr. 7–20 Uhr, Sa. 8–20 Uhr, So. 9–13 Uhr u. 17–20 Uhr. Wer die Übertragung eines Fußballspiels der Boca Juniors sehen möchte, ist im Café Roma gut aufgehoben, einem der vielen alten Eckcafés mit Holzschiebefenstern, Holztischen und -stühlen und schwarzweiß gekacheltem Fußboden. Praktisch: Die Colectivos 29, 33 und 64 halten direkt vor der Tür.

Eiscafés und Süßes

○**55** [B4] **Cadore** €, Avenida Corrientes 1695 (Ecke Rodriguez Peña), Zentrum, Subte B: Callao, Tel. 43743688, www.heladeriacadore.com.ar, tgl. 11.30–2 Uhr. „Eine der besten Eisdielen der Welt", wirbt ein Zeitungsausschnitt am schmalen Eingang. Die nur ein paar Quadratmeter große Eisdiele wurde ursprünglich 1881 von der Familie Olivetti in Italien gegründet, in den 1950er-Jahren kamen die Nachfahren nach Buenos Aires. 44 Sorten hervorragendes Eis gibt es hier zur Auswahl, darunter Leckereien wie Feige-Nuss oder Schokolade-Cointreau. Cadore bietet auch Torten an.

○**56** [C4] **El Vesuvio** €, Avenida Corrientes 1181 (Ecke Libertad), Zentrum, Subte B: Pellegrini oder Uruguay, Subte C: Diago-

EXTRATIPP

Café mit Alfajor

Ein eigenes Café für den *alfajor* (s. S. 24)! Bei **Havanna** treffen Lieblingsort und Lieblingsgebäck der Porteños zusammen: Allein im Zentrum betreibt Havanna, einer der bekanntesten Hersteller von *alfajores,* rund ein Dutzend Läden mit angeschlossenem Café. Wer Süßes mag, muss diese Leckerei mit *dulce de leche* unbedingt probieren! Dazu passt ein Café Havanna (Espresso mit gezuckerter Kondensmilch).

○**58** [D4] **Havanna,** Florida 602 (Ecke Tucumán), Subte B: Florida. Die **Filiale in Palermo** besitzt eine schöne Dachterasse, Armenia 1788 (Ecke Costa Rica), Subte D: Plaza Italia, colectivo 29, tgl. 9–21 Uhr. www.havanna.com.ar.

nal Norte, Subte D: Avenida 9 de Julio, Tel. 43823735. El Vesuvio wurde 1902 gegründet – natürlich von einem Italiener – und war der erste Eiscremeladen in Buenos Aires. Heute gibt es hier immer noch köstliches Eis.

○**57** [C4] **La Giralda** €, Avenida Corrientes 1453 (Ecke Paraná), Zentrum, Subte B: Uruguay, Tel. 43713846. La Giralda ist eines der vielen, von der Stadt als *bar notable* ausgezeichneten Lokale. Der Besuch lohnt: Das gekachelte Café ist mit einem alten Holztresen ausgestattet, mit Tischen aus Holz und Marmor und halbblinden, geschliffenen Spiegeln, die schon viel gesehen haben. Im Neonlicht sitzen Alte und Studenten bei der spanischen Spezialität des Cafés: *chocolate con churros* – heißem, dickem Kakao, in den Schmalzgebackenes getaucht wird.

❭ Das **La Poesía** (s. S. 32) ist ein heimeliges Eck-Café, das auch eine breit gefächerte Speisekarte bereithält.

Dinner for one

Wer nicht in Schwermut verfallen möchte, sollte in Buenos Aires abends nie alleine essen gehen. Um 22 Uhr sind die Restaurants voll mit lachenden und plaudernden Gruppen. Wer hier alleine an einem Tischchen sitzt, wird sich ausgeschlossen fühlen. Völlig unproblematisch ist das Vorhaben dagegen zur Mittagszeit, wenn auch die Angestellten essen gehen.

Alleinreisende müssen trotzdem nicht verhungern: Zu jeder Tages- und Nachtzeit ist man in jedem **Café** gut aufgehoben. Glücklicherweise gibt es dort auch einiges zu essen. Wer solo unterwegs ist, dem ist La Poesía zu empfehlen, wo es in netter Kneipenatmosphäre hausgemachte Pasta, Fleisch, Fisch und Sandwiches gibt.

⊕**59** [E6] **La Poesía**, Chile 502 (Ecke Bolívar), San Telmo, Subte C: Independencia, Tel. 43007340, tgl. 8–2 Uhr, warme Küche bis 1 Uhr

Für den späten Hunger

Die quasi schon legendäre **Bar Británico** (s. S. 29) in San Telmo bietet den Durchnächtigten ein Heim, Kaffee und Kleinigkeiten gegen den Hunger. Im Zentrum lädt **La Academia** (s. S. 30) mitten in der Nacht nach einem leckeren *tostado*, getoastetem Brot mit Käse, zum Billardspielen ein – und das seit 1930.

Lokale mit guter Aussicht

Das Mama Racha ist eine moderne Cafébar in einer Synthese aus Beton- und Backsteinwänden. Von der Dachterrasse aus lässt sich bei einem Mate (s. S. 24) das Treiben auf der Straße beobachten.

⊕**60** [bj] **Mama Racha**, Costa Rica 4602 (Ecke Armenia), Subte D: Plaza Italia, Colectivo 29, www.mamaracha.com.ar, Mo.–Do. 8.30–2.30 Uhr, Fr.–So. bis 3.30 Uhr

016ba Abb.: rk

Buenos Aires am Abend

Buenos Aires ist eine Stadt der Nachtschwärmer. Freitag- und Samstagnacht brodelt die Metropole vor Energie. Alle sind auf den Straßen unterwegs, und da das Klima mild ist, sind die Plätze der Stadt beliebte Treffpunkte.

An der kleinen, kopfsteingepflasterten **Plaza Cortázar** [aj] in **Palermo Soho** gibt es unzählige Café-Bars. Hier treffen sich hauptsächlich Touristen und Einheimische mit einem gut gefüllten Portemonnaie. Schick und lebhaft geht es auch im Viertelchen **Las Cañitas**, jenseits des Poloplatzes, zu. Rund um die Straßen Báez und Arévalo amüsiert man sich bei Cocktails und Longdrinks. In **Recoleta** ㉝ tobt kurioserweise rund um den Friedhof das pralle Leben mit

△ *Die Kulturhochburg Buenos Aires besitzt auch eine quicklebendige Theaterszene (s. S. 38)*

Bars und Restaurants. Das Herz des abendlichen Flanierens in **San Telmo** ❼ ist die **Plaza Dorrego** ⓫.

Auf den Tanzpisten ist allerdings vor Mitternacht nichts los, denn die Porteños überlegen sich gegen 22 Uhr, in welcher Pizzeria oder *parilla* sie speisen möchten. Dort sitzen sie dann in riesigen Gruppen, essen, plaudern, flirten, trinken, diskutieren und genießen die lautstarke Atmosphäre um sich herum – das ist Leben! Dann gibt es noch einen Drink in einer Bar und gegen 2 Uhr geht es schließlich auf die Tanzfläche.

Ist der Porteño kulturbeflissen, läuft der Abend nicht viel anders ab: Nur dass er sich vor dem Essen um 20.30 Uhr La Bohème im **Teatro Colón** ⓲ anschaut oder zu einem Jazzkonzert mit Poesie ins **Clásica y Moderna** (s. S. 34) geht. Überhaupt die Kultur! Buenos Aires hat auf diesem Gebiet ungemein viel zu bieten. Es gibt **120 Kinosäle** und unzählige Möglichkeiten für einen Theaterbesuch: von den Aufführungen der großen städtischen Bühnen wie dem Teatro San Martín (s. S. 38) über die Musicals an der Avenida Corrientes bis zu winzigen **Off-Produktionen.**

Zahlreiche Kulturereignisse sind zudem kostenlos: Da gibt das Ballettensemble des Teatro Colón eine Gratisvorstellung im **Amphitheater Eva Perón** im Parque Centenario ㊼ und für ein großes Fest mit **Tanz und Orchester** unter freiem Himmel wird die vielspurige Diagonal Roque Saenz Peña im Zentrum gesperrt. Über all diese Aktivitäten informiert die Stadt in der wöchentlich erscheinenden Gratiszeitung **Agenda Cultural,** die unter anderem im Gebäude La Prensa (s. S. 73) und an der Touristeninformation (s. S. 119) ausliegt.

Kulturzentren

● **61** [E4] **Centro Cultural Borges,** Viamonte 525 (Ecke San Martín), Microcentro, Subte C: Lavalle, Tel. 55555359, www. ccborges.org.ar, Mo.–Sa. 10–21 Uhr, So. 12–21 Uhr, Eintritt: 30 Pesos. In der eleganten Einkaufspassage Galerías Pacífico liegt das Kulturzentrum Borges, das Kino, Theater, Tanz und Tangoshows, Ausstellungen und Puppentheatervorstellungen bietet.

●**62** [B1] **Centro Cultural Recoleta,** Junín 1930 (Ecke Vincente Lopez), Recoleta, Colectivos 10, 37, 38, 41, 59, 60, 61, 62, 92, 93, 95, 101, 102, 108, 118, www.centroculturalrecoleta.org, Tel. 48031040, Di.–Fr. 14–21, Sa./So./Feiertage 12–21 Uhr. Musik, bildende und darstellende Kunst – hier gibt es seit 30 Jahren alles unter einem Dach.

●**63** [B5] **Centro Cultural San Martín,** Sarmiento 1551 (Ecke Montevideo), Zentrum, Subte B: Uruguay, Tel. 43741251, www.ccgsm.gov.ar oder: http://elculturalsanmartin.org. In dem Kulturzentrum gibt es Konzerte, Ausstellungen und Theateraufführungen, aber auch Workshops zu verschiedensten Themen.

●**64** [E8] **Centro Cultural Torquato Tasso,** Defensa 1575 (Ecke Caseros), San Telmo, Colectivos 17, 22, 24, 29, 39, 53, 64, 86, 143, 152, 186, www.torquatotasso.com.ar, Tel. 43076506. Das Kulturzentrum Tasso widmet sich ausschließlich dem Tango und Fusionen von Tango und Jazz. Hier treten teils hochkarätige Tango-Orchester und bekannte Künstler wie Rodolfo Mederos, Nestor Marconi oder die Tangosängerin Susana Rinaldi auf. Das hat seinen Preis, deshalb finden hauptsächlich Touristen her. Die reservierten Plätze müssen bis 21 Uhr eingenommen werden. Sonntags gibt es ab 22 Uhr eine Milonga mit Livemusik, davor ab 19 Uhr Unterricht.

Livemusik

☉**65** [B3] **Clásica y Moderna,** Callao 892 (Ecke Avenida Córdoba), Recoleta, Subte D: Callao, Tel. 48128707, www.clasicaymoderna.com, Mo.–Sa. ab 9 Uhr bis Vorstellungsende. 1938 gegründet als Buchladen ist Clásica y

Moderna heute auch ein Café, ein Restaurant und ein Jazz-Poesie-Tango-Kleinkunstspektakel-Laden, der von der Stadt als *bar notable,* als „bemerkenswertes Lokal", ausgezeichnet wurde. Das Publikum ist eher älter und gediegen und – der Umgebung angemessen – besser situiert. Vorstellungen gibt es Di. bis Sa. immer um 21 Uhr.

☉**66** [bj] **La Peña del Colorado** €, Güemes 3657 (Ecke Salguero), Palermo, Subte B: Bulnes, Colectivos 12, 64, Tel. 48221038, www.lapeniadelcolorado.com.ar, tgl. 21–2 Uhr. In der urigen Kneipe treten ab 21.30 Uhr kleine Folklorebands auf (Eintritt rund 50 Pesos). Dazu gibt es argentinische Gerichte. Das heißt natürlich: alles vom Grill vom *chorizo* über *chichilines* bis zum *bife,* aber auch Suppen, Pizzen und *empanadas* – und ein Mate (s. S. 24) darf natürlich nicht fehlen.

☉**67** [E4] **Luna Park,** Av. Madero 420 (Ecke Corrientes y Bouchard), Microcentro, Subte B: Leandro N. Alem, Colectivos 33, 45, 74, 91, 126, 140, 146, Tel. 52795279, www.lunapark.com.ar, Ticketverkauf: Mo.–Fr. 10–19 Uhr, Sa. 12–19 Uhr, So. 14–19 Uhr. Der ehemalige Sportpalast ist der wichtigste Veranstaltungsort Argentiniens. Rund 20.000 Zuschauer fasst das 1932 gebaute Stadion insgesamt, der Hauptsaal rund 9000 Menschen. Hier lag der Leichnam von Carlos Gardel aufgebahrt, hier lernten sich Juan Perón und Evita kennen. Heute sind immer noch die wichtigsten Größen der Welt zu Gast: Ob Pavarotti oder der Papst, die Backstreetboys oder Boxkämpfe – knapp 900.000 Besucher kamen 2010 in den Luna Park.

☉**68** [B3] **Notorious,** Callao 966 (Ecke Paraguay), Zentrum, Subte D: Callao, Colectivos 124, 150, 37,12, Tel. 48136888, www.notorious.com.ar, Öffnungszeiten CD-Laden: Mo.–Sa. 10–23.30 Uhr, So. 18–24 Uhr. Gut sortierter CD-Laden mit Café, Restaurant und Bühne. Jede Nacht gibt es hier ab 21.30 Uhr (So. ab 20.30 Uhr) Jazziges zu hören, Swing oder Chansons.

Discos

⊘**69** [bj] **Azucar (1),** Avenida Córdoba 4175 (Ecke Pringles), Palermo, www.azucarbelgrano.com, Tel. 48613344, Fr./Sa. ab 24 Uhr, Salsa-Disco: Hier wird bis zum Morgen Salsa getanzt.

⊘**70** [ck] **Azucar (2),** Avenida Corrientes 3330 (Ecke Aguero), Almagro/Once, www.azucarsalsa.com, Tel. 48653103, Fr./Sa. ab 24 Uhr. Erst Unterricht, danach Tanz. Schräg gegenüber dem Shoppingtempel Abasto **46** liegt dieser Salsaschuppen, der mit seiner *noche caribeña* („karibischen Nacht") junges Publikum anzieht.

⊘**71** [aj] **Carnal,** Niceto Vega 5511 (Ecke Humboldt), Palermo Hollywood, per Taxi, www.carnalbar.com.ar, Tel. 47727582, Di.–Sa. Restaurant und Bar mit jüngerem Publikum und viel Reggae auf offener Terrasse. Von 19 bis 22 Uhr Happy Hour, später in der Nacht geht es zum Tanzen in den Niceto Club nebenan.

⊘**72** [D5] **Cocoliche,** Rivadavia 878 (Ecke Suipacha), Microcentro, Fr./Sa., Einlass von 1 Uhr bis 4 Uhr, ab 2 Uhr wird der Eintritt teurer. DJs der lokalen und internationalen Szene mit Minimal House und Drum'n'Bass.

⊘**73** [aj] **Disco Niceto Club,** Niceto Vega 5510, Ecke Humboldt, Palermo Hollywood, per Taxi, Tel. 47799396, www.nicetoclub.com. Die Party mit Pop, Reggae und Elektronik, oder besser gesagt, die *fiesta,* steigt hier donnerstags bis samstags (Einlass 24 Uhr). Zu früherer Stunde, gegen 21 Uhr, und mittwochs und sonntags gibt es Live-Events. Das Publikum ist bunt gemischt.

⊘**74 Pacha,** Avenida Costanera Rafael Obligado (Ecke Pampa), Costanera

Norte, per Taxi, www.pachabuenosaires.com, nur samstags. Drei Tanzpisten und eine Terrasse zum Río de la Plata werden mit House und Techno beschallt. Gayfreundlich.

Milongas

An einem Samstag können Tangotänzer allein in der *Capital Federal,* der Hauptstadt, zwischen rund 30 verschiedenen Milongas wählen, wie die **Tangotanzabende** genannt werden. Die Orte sind denkbar verschieden: Turnhallen sind dabei und Cafés, Tanzsäle der Belle Epoque, Diskotheken und Hinterhöfe. Aber auch an ein und demselben Ort kann es an verschiedenen Tagen ganz unterschiedlich zugehen – je nachdem, wer die Milonga organisiert. Ob drinnen oder draußen, ob elegant oder sportiv, für Touristen oder die Nachbarschaft – die Möglichkeiten, Tango tanzen zu gehen, scheinen in Buenos Aires schier unerschöpflich.

⊘**75** [B4] **El Beso,** Riobamba 416 (Ecke Corrientes), Zentrum, Subte B: Callao, Colectivo 12, Di. ab 20 Uhr, Do. ab 18.30 Uhr, Sa. ab 22.30 Uhr, So. ab 22 Uhr. Das El Beso hat das Flair einer kleinen Discothek aus den 1970er-Jahren. Es ist die Hochburg des *tango milonguero,* des sehr engen und sehr rhythmusorientierte Tangotanzstils.

⊘**76** [bk] **La Catedral,** Sarmiento 4006 (Ecke Medrano), Almagro, Subte B:

EXTRATIPP

Hoy Milonga!
Die wichtigsten Tangotanzgelegenheiten samt Stadtplan kann man sich per **App** auf sein Smartphone holen (iOS und Android). Aber auch auf dem Laptop ist **www.hoy-milonga.com** eine sehr nützliche Adresse.

017ba Abb.: mc

EXTRATIPP

Tanz im Jugendstilcafé

Die brüchige Eleganz der Confitería Ideal diente schon vielen Regisseuren als Filmkulisse. Auch Alan Parker drehte hier einige Einstellungen zu seinem Evita-Film. Seit 1912 lädt die Confitería im Erdgeschoss zu Kaffee und Torte ein. Im ersten Stock dagegen tanzen die Menschen beinahe unaufhörlich Tango. Meist kommen Touristen her, um in dem alten Saal Tangoluft zu schnuppern.

🕐79 [D4] **Confitería Ideal,** Suipacha 384 (Ecke Corrientes), www.confiteriaideal.com, Tel. 43287750, Subte B: Pellegrini, Subte C: Diagonal Norte, Subte D: 9 de Julio. Milongas tgl. außer Di. 15–20.30 Uhr, Sa. auch 22.30–3 Uhr

Medrano, www.lacatedralclub.com, Tel. 1553251630. In dem alten Kornspeicher von 1880 gibt es nicht nur allabendlich – meist ab 19.30 Uhr, teils früher – Tangounterricht, ab Mitternacht ist hier bis in den frühen Morgen einiges los: Eher junges Publikum sitzt und schwatzt, trinkt ein Bier, isst Vegetarisches, hört Tangos und tanzt ein wenig. Der Raum im ersten Stock ist düster und hat etwas von einem Trödellager. Interessant ist es aber allemal!

🕐77 [aj] **La Viruta,** Armenia 1366 (Ecke José A. Cabrera), Palermo Viejo, Colectivos 168, 151, 140, Tel. 47746357, www.lavirutatango.com, Mi.–So. ab 24 Uhr, Fr. mit Show. In den 1990er-Jahren war das La Viruta ein Hort der Tangojugend. Im Keller des armenischen Zentrums versammelte sich alles, was keine Lust auf das formvollendete Verhalten und die formelle Kleidung der alten Tänzer hatte. So ist das Viruta zur Tangodisco geworden: ungezwungen und etwas hemdsärmelig. Absolu-

tes Highlight des Abends: Wenn alle in langen Reihen *chacarera* tanzen. Richtig los geht es freitags und samstags ab 1 Uhr, ab 4 Uhr ist der Einlass kostenlos und morgens um 5 Uhr ist es immer noch voll. Am frühen Abend gibt es ab 18 Uhr Unterricht für Tango, Salsa und Rock'n'Roll – und selbst Folklore.

🕐78 **Sunderland,** Lugones 3161 (Ecke Quesada), Villa Urquiza, per Taxi, www.sunderlandclub.com.ar, Tel. 45419776, Sa. ab 23.30 Uhr. Allwöchentlich verwandelt sich samstags ab Mitternacht eine alte Sporthalle in einen Tanzsaal. Früher saßen hier die Tangodynastien an „ihren" Tischen und speisten und tanzten. Heute sitzen neben übriggebliebenen alten *milongueros* auch viele Touristen zwischen den Basketballkörben.

◹ *Im alten Saal der Confitería Ideal wird jede Nacht Tango getanzt*

Durchtanzte Nächte

Eine **Milonga** sollte jeder Buenos-Aires-Besucher einmal erlebt haben. Dafür muss man nicht unbedingt Tango tanzen können: Wer gerne beobachtet, wird Geschichten und Histörchen wie auf einer Theaterbühne erleben. Etwa freitags im Salón Canning. Ab 1 Uhr morgens brummt es hier wie im Bienenstock und auf dem Parkett herrscht drängende Enge: Der alte Galan führt eng umarmt eine weizenblonde Schwedin über die Tanzfläche und eine Japanerin im Minirock versucht einem türkischen Tanzlehrer zu folgen. An der Bar klebt ein Schwarm Männer, die zu den nächstsitzenden Frauen herüberblinzeln. Dazwischen balancieren die *mozas*, die Kellnerinnen, ihre Tabletts, schwer beladen mit Gläsern und Literflaschen Quilmes, dem argentinischen Bier.

Die Stimmung ist so knisternd wie locker – ein Verdienst des Organisators **Omar Viola,** der in den 1980er-Jahren ein bekannter Undergroundkünstler war und 1999 seine erste Milonga eröffnete. Gegen 2 Uhr, wenn man als Nichttänzer anfangen könnte, sich zu langweilen, macht sich ein **Orchester** zum Spiel bereit oder ein Tangopaar zeigt **Showtänze.**

🔴**82** [bj] **Parakultural im Salón Canning,** Scalabrini Ortiz 1331 (Ecke José A. Cabrera), Palermo Viejo, Colectivos 15, 57, 106, 109, 110, 140, 141, 151, 168, www.parakultural.com.ar, Tel. 48326753 (Mo./Di., Fr. ab 18 Uhr), 1557383850 (tgl.), Mo./Di./Fr. Unterricht von 19–23 Uhr, Milonga 23.30–4 Uhr

Tango y Cena

900.000 Touristen besuchen Jahr für Jahr eine der rund 26 Tango-y-Cena-Shows in Buenos Aires. Das Konzept ist alt und der Erfolg gibt ihm recht: **Essen** *(cena)* und eine **Tangoshow anschauen,** meist mit Livemusik und zwei bis fünf Tanzpaaren. Jedes Hotel und jeder Touristeninfopunkt hat Hunderte von Flyern der verschiedenen Angebote ausliegen. Zwar sind die Darbietungen recht unterschiedlich in Größe und Aufmachung, aber sie ähneln einander verblüffend, was das Tangoklischee angeht, das sie verbreiten: Geschichten von messerschwingenden *compadritos* und leicht geschürzten Frauen, verzweifelter Leidenschaft und hingebungsvoller Liebe. Ein Bring- und Abholservice ist meist im Ticketpreis enthalten, der wegen der Kursschwankungen manchmal in Dollar angegeben wird. Bezahlt werden kann aber in Pesos, umgerechnet nach Tageskurs.

⚪**80** [A5] **Café de los Angelitos,** Avenida Rivadavia 2100 (Ecke Rincón), Zentrum, www.cafedelosangelitos.com, Tel. 49522320, tgl., *cena* 20.30 Uhr, Show 22.15 Uhr, Eintritt: Cena-Show ab 130 US$, Show ab 90 US$. In den 1940er-Jahren wurde das Café de los Angelitos als Heimstatt des alten guten Tango besungen. Nach über hundert Jahren schloss der Laden 1992 und machte 2007 wieder auf – als Heimstatt der Touristen.

⚪**81** [E7] **El viejo Almacén,** Independencia 313 (Ecke Balcarce), San Telmo, www.elviejoalmacen.com.ar, Tel. 43077388, tgl. 20 Uhr *cena,* 22 Uhr Show, ab 140 US$ für *cena* und Show, ab 90 US$ nur Show. El viejo Almacén ist die älteste und wohl bekannteste Tangoshow. Der Tangosänger Edmundo Rivero (1911–1986) hat das Lokal 1969 gegründet, weil er fürchtete, der Tango könne auf Nimmerwieder sehen verschwinden. Viele Berühmtheiten haben den weißgetünchten Laden schon besucht. Durch Renovierungen hat der „alte Kolonialwarenladen" allerdings ein wenig von seinem Charme eingebüßt.

⟳83 [ck] **Esquina Carlos Gardel,** Carlos Gardel 3200 (Ecke Tomas M. De Anchorena), Abasto, Subte B: Carlos Gardel, www.esquinacarlosgardel.com.ar, Tel. 48676363, tgl. *cena* 20.30 Uhr, Show 22.30 Uhr, ab 140 $ für *cena* und Show, ab 90 $ für die Show. Busweise werden Touristen in die relativ neue Show nahe dem Einkaufszentrum Abasto gekarrt.

Theater, Ballett und Oper

Buenos Aires ist eine Stadt der Theater: Mit angeblich 187 Bühnen vom städtischen Opernhaus bis zum winzigsten Privattheater soll Buenos Aires – Achtung: Superlativ – über mehr Theatersäle verfügen als jede andere Stadt der Welt. Allein auf dem „kleinen Broadway", dem 800 m langen Stückchen der Avenida Corrientes ⓲ zwischen Avenida Callao und Avenida 9 de Julio, gibt es rund 25 Bühnen.

⟳84 [B4] **Paseo La Plaza,** Avenida Corrientes 1660 (Ecke Montevideo), Zentrum, Subte B: Callao, Tel. 63205300, www.paseolaplaza.com.ar. Mitten im Trubel der Corrientes öffnet sich ein Eingang zu den Hinterhäusern: der Paseo La Plaza, ein ruhiges Plätzchen mit Cafés und Restaurants, drei kleinen Bühnen und zwei großen Sälen für 520 bzw. 440 Zuschauer. Ob Shakespeare, Arthur Miller oder Woody Allen – die Bandbreite ist groß und auch Gastspiele aus anderen Ländern finden hier ihren Platz. Wer dem verschlungenen Weg zum zweiten Eingang folgt, landet in der Straße Montevideo gegenüber von drei hervorragenden *parillas:* Pippo (s. S. 27), Pepito (s. S. 27) und Chiquilín (s. S. 25).

⟳85 [C3] **Teatro Cervantes,** Libertad 815 (Ecke Córdoba), Zentrum, Subte D: Tribunales, Tel. 48158883, www.teatrocervantes.gov.ar, Ticketverkauf: Mi.–So. 10–21 Uhr. Mit dem 1921 eingeweihten Teatro Cervantes hatte sich die spanische Schauspielerin María Guerrero einen Traum in Buenos Aires erfüllt. Die bunte Fliesenlandschaft an den Wänden vermittelt ein maurisches Flair, und auch die düsteren Aufgänge zu den oberen Rängen lohnt es zu durchstreifen, am besten mit einer der von Schauspielern begleiteten Führungen durchs Haus. Auf der Bühne wird ein breites Spektrum an Unterhaltung gezeigt: Klassische und zeitgenössische Stücke, aber auch Kino, Vorträge und Konzerte.

⓳ [C4] **Teatro Colón.** Das pompöse Opernhaus ist ein Abbild der Mailänder Scala in Groß. Ein Besuch ist Pflicht – egal ob bei einer der teils altertümlichen Ballettvorführungen, einem der mitreißenden Konzerte oder einer ausgedehnten Führung durch das Gebäude und seine unterirdischen Werkstätten.

⟳86 [C4] **Teatro San Martín,** Corrientes 1530 (Ecke Montevideo), Zentrum, Subte B: Callao, Tel. 08003335254, http://complejoteatral.gob.ar, Ticketkauf: tägl. 10–22 Uhr. Interessante Tanz- und Theaterprojekte, große Konzerte, Ausstellungen und Filme – das alles gibt es im Teatro San Martín. Alle Aktivitäten des Hauses sind mit vier anderen städtischen Theatern wie dem Presidente Alvear (Corrientes 1659), dem Teatro Sarmiento (Av. Sarmiento 2715) und dem Teatro de la Ribera in La Boca (Av. Pedro de Mendoza 1821) unter dem Begriff *complejo teatral* („Theaterkomplex") gebündelt. Das ist praktisch für den Besucher, denn so kann man in jedem der angeschlossenen Theater auch das Programm und Tickets für die anderen Bühnen bekommen.

Buenos Aires für Kunst- und Museumsfreunde

Museen

Die Museumslandschaft in Buenos Aires hat es in sich! Und das nicht nur, weil die Porteños um jedes Bügeleisen, das knapp 100 Jahre alt ist, ein Museum herumbauen. Mit etwas Glück ergattert man in einer der Kunsthallen oder am Kiosk das kleine Büchlein „**Mapa de las Artes**", das zweisprachig (englisch-spanisch) durch den Kosmos der bildenden Kunst in Buenos Aires führt und Galerien und Sammlungen nach Vierteln sortiert vorstellt.

Viele der Häuser sind in privater Hand, wie etwa das **Malba** ③⑦, das wohl schönste Museum in Buenos Aires. Hier kann der Besucher lateinamerikanische Kunst vom Beginn des 20. Jahrhundert bis heute entdecken und interessante Retrospektiven internationaler Künstler anschauen. Sehenswert ist auch die **Fundación Proa** ③⓪ – nicht zuletzt wegen des bezaubernden Blicks von der Caféterrasse auf den Hafen von La Boca. Zwei Museen widmen sich den Werken der beiden wichtigsten – und sehr gegensätzlichen – bildenden Künstler der Stadt: das **Museo Quinquela Martín** ②⑨ und das **Museo Xul Solar** (s. S. 42).

Mit Kindern, so wird von Eltern immer wieder versichert, sei ein Besuch des **Museo de Ciencias Naturales** ④⑧ unabdingbar, denn hier sind die Dinos der argentinischen Pampa zu finden, die – man hätte es ahnen können – die größten der Welt waren. Natürlich gibt es auch Museen, die sich den Ikonen der Porteños widmen: In der **Casa Carlos Gardel** ④⑤ kann der Fan die gesammelten Kleinodien des Tangosängers – von seinem Poncho

bis zur Haarpomade – begutachten. Das **Museo Evita** ③⑧ ist der „Heiligen der Nation", Evita Perón, gewidmet. Einblick in ein Stück argentinischer Geschichte geben das **Museo Mitre** ②⑦ oder das **Museo del Bicentenario** (s. S. 40).

④⑤ [ck] **Casa Carlos Gardel.** Sechs Jahre lang wohnte Carlos Gardel in diesem Haus. Seit März 2003 sind Patio und Wohnräume seinem Lebenswerk gewidmet: Zu sehen sind vor allem Schallplatten, Partituren und unbekannte Fotos.

③⓪ [F10] **Fundación Proa.** Die Stiftung Fundación Proa widmet sich seit 1996 in wechselnden Ausstellungen der internationalen Kunst des 20. Jahrhunderts und zeitgenössischen Werken.

③⑦ [ci] **Malba.** Malba, das ist die Abkürzung für Museo de Arte Latinoamericano de Buenos Aires. Schwerpunkt des Museums ist die lateinamerikanische Kunst von den Anfängen des 20. Jahrhunderts bis heute.

Kino für Cineasten

Argentinien ist eine Filmnation. Mit Begeisterung wird gedreht und mit Begeisterung geschaut. Es gibt unzählige Kinosäle in Buenos Aires. Das 1912 gegründete Kino Gaumont zeigt vorrangig nationale Produktionen, schließlich ist es das Programmkino des INCAA, des Instituto Nacional de Cine y Artes Audiovisuales (www.incaa.gov.ar).

⑧⑦ [B5] **Gaumont,** Avenida Rivadavia 1635 (Ecke Rodriguez Peña), Zentrum, Subte A: Congreso, Tel. 43824406, http://espacios. incaa.gov.ar, tägl. 12–2 Uhr

Buenos Aires für Kunst- und Museumsfreunde

019ba Abb.: mc

48 [ak] **Museo de Ciencias Naturales.** Das Naturwissenschaftliche Museum zeigt auf zwei Ebenen Flora und Fauna Argentiniens und Prähistorisches aus der argentinischen Pampa.

88 [E5] **Museo del Bicentenario,** Paseo Colón 100 (Ecke Hipólito Yrigoyen), Microcentro, Subte A: Plaza de Mayo, Subte D: Catedral, Subte E: Bolívar, www.museo.gov.ar, Tel. 43443802, Mi.–So. 10–18 Uhr (April–November), Mi.–So. 11–19 Uhr (Dezember–März), Eintritt frei. Am 24. Mai 2011, ein Jahr nach der 200-Jahr-Feier der Revolution, eingeweiht, soll das neue Museum von der argentinischen Geschichte zwischen 1810 und 2010 erzählen.

38 [bi] **Museo Evita.** Das Museum wurde 2002 eröffnet, 50 Jahre nach Evitas Tod. Die Ausstellung gibt auf einem eindrucksvollen, aber kritiklosen Rundgang Einblick in das Leben der argentinischen Präsidentengattin.

25 [F3] **Museo Fortabat.** Für ihre Sammlung mit Werken argentinischer Künstler ließ sich die reichste Frau der Nation ein Gebäude mit beweglichem Dach bauen.

89 [E8] **Museo Histórico Nacional,** Defensa 1600 (Ecke Caseros), San Telmo, Colectivos 10, 22, 24, 29, 53, 62, 143, Tel. 43074457, www.aamhn. org.ar, Mi.–So. 11–18 Uhr. Das Nationalhistorische Museum zeigt Bilder und Möbel, Fahnen, Waffen und Uniformen zur argentinischen Geschichte bis 1950.

22 [E4] **Museo Mitre.** In dem Kolonialhaus aus dem Jahr 1785 kann der Besucher auf zwei Etagen die Wohnräume des Generals Bartolomé Mitre anschauen, der von 1862 bis 1868 der erste Präsident Argentiniens war.

90 [D5] **Museo Mundial del Tango,** Avenida de Mayo 833 (Ecke Piedras), Eingang Rivadavia 830, Zentrum, Subte A: Piedras, Tel. 43456967, www.

▢ *Die Floralis Genérica des Architekten Eduardo Catalano in Recoleta öffnet und schließt ihre Blätter nach Sonnenstand*

Buenos Aires für Kunst- und Museumsfreunde

anacdeltango.org.ar, Mo.-Fr. 14-20 Uhr. Im Palacio Gardel genannten Belle-Époque-Haus betreibt der Tangodichter Horacio Ferrer seine Academia Nacional del Tango. Sie bietet eine allumfassende Tangoausbildung vom Studium der Poesie über Gesang bis zum Tanz. Im ersten Stock des Gebäudes hat Ferrer 2003 nichts weniger als das Museo Mundial del Tango, das „Welttangomuseum", eingerichtet: In schönen, stuckbesetzten, hohen Räumen stehen Vitrinen, in denen alte Bücher, Fotos und Schellackplatten, der Hut des Tangosängers Carlos Gardel und das Jackett des Ausnahmebandoneonisten Aníbal Troilo ausgestellt werden.

🏛91 [A1] **Museo Nacional de Arte Decorativo**, Av. del Libertador 1902 (Ecke Pereya Lucena), Recoleta, Colectivo 37, Tel. 48018248, www.mnad.org, Di.-So. 14-19 Uhr, Eintritt: 15 Pesos, Di. frei. In diesem nahezu königlichen Palast entfaltet sich die ganze pompöse Pracht der Verbindung zweier mächtiger und reicher lateinamerikanischer Familien: der

Museen, die mit einer magentafarbenen Nummer (**48**) als Hauptsehenswürdigkeit ausgewiesen sind, werden im Kapitel „Buenos Aires entdecken" ausführlich beschrieben. Dort finden sich auch alle praktischen Informationen wie Adresse, Öffnungszeiten usw.

chilenischen Errázuriz und der argentinischen Alvear. Zwischen 1911 und 1917 gebaut, imitiert jeder gemalte Stein in diesem ehemaligen Wohnhaus das 18. Jahrhundert Frankreichs: Sogar eine Kopie des Versailler Salon Hercules kann der Besucher hier bestaunen.

35 [B1] **Museo Nacional de Bellas Artes.** Die Ausstellung im 2000 Quadratmeter großen Erdgeschoss widmet sich internationalen Kunstwerken vom Mittelalter bis zum 20. Jahrhundert. Auch die Kunstbibliothek befindet sich hier. Im ersten Stock wird vorrangig argentinische

Schreckenskammer als Museum: ESMA

*Das Kürzel ESMA vermittelt in Buenos Aires immer noch Schrecken. Die Abkürzung steht für **Escuela de Mecánica de la Armada**, kurz Marineschule. Während der letzten Militärdiktatur (1976-1983) diente der Ort als geheimes Haft- und Folterzentrum. Schätzungsweise 5000 Menschen wurden hier festgehalten, gefoltert und ermordet. Während der Fußballweltmeisterschaft 1978 konnten die Gefangenen die Jubelschreie aus dem zwei Kilometer entfernten Stadion River Plate hören. Die Schreie der Gefolterten aber drangen nicht nach draußen. Die Welt war 25 Tage bei Folterknechten zu Gast.*

2004, unter der Präsidentschaft von Nestor Kirchner, nahm der Plan, in der Marineschule ein Museum einzurichten, Formen an. 2007 wurde das beeindruckende Gelände mit seinen 35 Gebäuden an verschiedene Menschenrechtsorganisationen übergeben und ist seitdem für die Öffentlichkeit zugänglich. Für eine dreistündige Führung muss man sich vorher per E-Mail unter visitasguiadas@espaciomemoria.ar anmelden.

🏛*92 **ESMA**, Avenida del Libertador 8151 (Ecke Martín Rivadavia), Nuñez, Colectivos 15, 28, 29, 117, www.espaciomemoria.ar, Tel. 47029920, Mo.-Sa. 10-18 Uhr*

Kunst des 20. Jahrhunderts vorgestellt, ein kleineres Eckchen ist der präkolumbischen Kunst vorbehalten.

29 [G10] **Museo Quinquela Martín.** Direkt am Hafenbecken Vuelta de Rocha steht das Museo de Bellas Artes de La Boca Quinquela Martín. Mit über 90 Werken zeigt das Museum die größte zusammenhängende Sammlung des argentinischen Malers, der sich Themen aus dem Leben in La Boca widmete.

93 [cj] **Museo Xul Solar,** Laprida 1212 (Ecke Lucio N. Mansilla), Palermo, Subte D: Agüero, www.xulsolar.org.ar, Tel. 48243302, Di.–Fr. 12–20 Uhr, Sa. 12–19 Uhr, Eintritt: 20 Pesos. Der argentinische Künstler Xul Solar (1887–1963) verbrachte die Jahre von 1912 bis 1924 in Deutschland und Italien und ließ sich vornehmlich von Paul Klee beeinflussen. Xul Solar (das lautmalerische Pendant zu seinem eigentlichen Namen Schulz-Solari) gilt als einer der wichtigsten bildenden Künstler Lateinamerikas. Seine Bilder sind rätselhaft, mystisch und zeigen futuristische Landschaften mit endlosen Treppen und winzigen verlorenen Menschen. Das Haus, in dem sich das Museum befindet, bewohnte er bis zu seinem Tod. Danach wurde es umgebaut und mit einer Vielzahl verwinkelter Treppen versehen, eine Reverenz an das Werk des Malers. Di. und Do. gibt es um 16 Uhr eine Führung, Sa. um 15.30 Uhr.

Das Paradies ist nebenan

Selbst die Wildnis kann man in Buenos Aires erleben: In der **Reserva Ecológica** **27** sirren die Grillen und Leguane huschen durchs trockene Gebüsch. Der Lärm der Stadt ist weit weg und ein kleiner Steinstrand am Río de la Plata lädt zum Sonnenbaden ein.

Buenos Aires zum Träumen und Entspannen

Kaum zu glauben, aber in dieser berstenden und lauten Metropole gibt es viele lauschige, romantische, ja sogar ruhige Plätze!

Das Viertel **Palermo** **36** wartet mit einigen der beschaulichsten und schönsten Ecken der Stadt auf: Da ist der versponnene und von unzähligen Katzen bewohnte Botanische Garten, der **Jardín Botánico** **39**, mit seinem über einhundert Jahre alten Pariser Treibhaus. Gleich nebenan gibt es den **Jardín Zoológico** **40**, den Zoo, in dem Elefanten in einem Palast leben, und natürlich den weitläufigen **Parque Tres de Febrero** **41** mit seinem Rosengarten und einem Teich mit bunten Tretbooten. Besonders entspannend ist aber ein Tag auf dem **Hipódromo** **43**, der Pferderennbahn, die einige Hundert Meter weiter liegt.

In **Recoleta** **33** laden der **Cementerio de Recoleta** **34** und die Grünanlagen um den Friedhof zum Verweilen ein. Auch sehr schön und dazu absolut untouristisch ist der **Parque Centenario** **47** am Rande von Almagro. Und selbst im Zentrum gibt es ein Plätzchen, wo die Zeit stehen zu bleiben scheint: Der **Paseo La Plaza** (s. S. 38) liegt mit seinem gewundenen Weg zwischen den Hinterhäusern der Avenida Corrientes. Hier kann man unter den großen Sonnenschirmen der Cafés einen Augenblick von der Hektik der Großstadt ausruhen.

Am Puls der Stadt

003ba Abb.: mc

Das Antlitz der Metropole

Wollte man das quirlige Buenos Aires mit anderen Metropolen vergleichen, so könnte man die Eleganz und kulturelle Vielfalt von Paris, die Großmannssucht und Armut von Bukarest und die Lebendigkeit und Frische von New York bemühen. Doch Buenos Aires ist einzigartig. Die Stadt ist Stein gewordene Sehnsucht, erträumt von Millionen europäischer Einwanderer.

Die Erinnerung im Gepäck bauten die Immigranten hier ihre alte Heimat neu auf. Noch gleißender und noch schöner. Die breiteste Allee der Welt, die **Avenida 9 de Julio ㉑**, ist den Champs-Élysées nachempfunden und das Opernhaus **Teatro Colón ⑲** bildet die Mailänder Scala in Groß nach. Dazu hielt schnell die modernste Technik Einzug: 1913 wurde **die erste U-Bahn des lateinamerikanischen Kontinents** in Betrieb genommen. Und doch bleibt die schillernde Magie der „Neuen Welt" immer gegenwärtig. „Gott ist überall", sagen die Porteños stolz, „aber Sprechstunde hat er in Buenos Aires".

Dass Buenos Aires so attraktiv ist, liegt nicht an Äußerlichkeiten. Beeindruckende Sehenswürdigkeiten gibt es nur wenige. Die Gebäude bröckeln vor sich hin und die Bürgersteige muss man in großzügigem Zickzack entlangschlendern – viele Gehwegplatten sind kaputt und mitten im Weg klaffen große Krater. Die Stadt

ist **geprägt von Gegensätzen:** Sie ist herzzerreißend arm und unverschämt reich, erstaunlich antiquiert und ebenso modern, grundgut solidarisch und erbarmungslos nutznießerisch. Zu etwas Besonderem wird Buenos Aires durch den ungeheuren Gestaltungswillen der Bewohner. Nicht umsonst wurde sie als erste Metropole der Welt 2005 von der UNESCO als **Designhauptstadt** ausgezeichnet. Die Porteños wirken mit künstlerischem Gespür und kreativer Energie an allen Ecken ihrer Stadt, verändern sie und erfinden sie jeden Tag neu.

Offiziell leben gut **11,5 Millionen Menschen** im Großraum Buenos Aires. 2,8 Millionen davon im inneren **Stadtbereich**, der vom rostbraunen Wasser des Río de la Plata, von der Autobahn Avenida General Paz und vom Riachuelo, dem Flüsschen, begrenzt wird. Dieses fest umgrenzte, 200 Quadratkilometer große Stückchen Land nennt der Porteño stolz: *La Capital,* die Hauptstadt. Sie setzt sich aus **48 Stadtteilen** zusammen. Jedes *barrio* („Viertel") hat seine eigene Geschichte und sein eigenes Gesicht.

Sieht man Buenos Aires vom Flugzeug aus, wirkt die Stadt wie ein **Schachbrett:** Sämtliche Straßen ziehen sich säuberlich von rechts nach links und werden ebenso ordentlich von oben nach unten durchkreuzt. Sie teilen die Stadt in Hausblocks, die sogenannten **cuadras,** die eine Länge von ungefähr 110 Metern haben.

Zwei **Hauptachsen** dienen als Orientierungspunkt: Die **Avenida Rivadavia** beginnt beim Regierungssitz Casa Rosada und durchquert die Stadt von Ost nach West. Die **Avenida Leandro Alem** kommt vom Nor-

◁ *Vorseite: Patriotisch weht die argentinische Flagge im Parque Colón hinter der Casa Rosada* ❷

den, wechselt – so wie alle Straßen – ab Höhe Rivadavia den Namen und zieht sich als Avenida Paseo Colón weiter gen Süden. Je dichter die Häuser sich an einer der beiden Hauptachsen befinden, desto kleiner werden die **Hausnummern:** Stößt eine *cuadra* direkt auf die Rivadavia, tragen die Häuser die Nummern bis 99, ein Block weiter bis 199 und so fort. Das Tolle: Egal wo man sich befindet, jede Parallelstraße ist auf gleicher „Hausnummernhöhe".

Die meisten Straßen sind **Einbahn-straßen.** Der Verkehr der Avenida Corrientes etwa fließt in Richtung Innenstadt, der der Parallelstraße Sarmiento stadtauswärts. Auch wenn es immer wieder Ausnahmen gibt, dieses Schema erleichtert die Orientierung in den Straßenschluchten ungemein.

Von den Anfängen bis zur Gegenwart

Knapp ein Drittel der Argentinier lebt im Großraum Buenos Aires. In der Metropole konzentriert sich alles, was an politischen, wirtschaftlichen und kulturellen Ereignissen Gewicht und Bedeutung hat. Die Geschichte von Buenos Aires ist die Geschichte Argentiniens.

Die Stadtgründung

„Diese Stadt", so sagt der Schriftsteller Jorge Luis Borges über seine Heimat, „scheint seit ewigen Zeiten zu existieren, so wie Wasser und Luft". Die Geschichtsschreibung erzählt allerdings gleich von **mehreren Stadtgründungen:** Die ersten drei Versuche, sich am Ufer des Río de la Pla-

ta – hoffnungsfroh Silberfluss getauft – niederzulassen, verlaufen glücklos: Der erste Eroberer wird von Querandí-Indianern verspeist, der zweite niedergemetzelt. Der dritte, Pedro de Mendoza, kommt mit 2000 Soldaten auf 14 Schiffen. Er landet am 3. Februar 1536 und benennt seine Siedlung nach der Schutzheiligen der Seefahrer „Santa Maria del Buen Ayre". Von den Männern bleiben nicht viele übrig. Ende des Jahres zerstören die Querandí das Fort vollständig. 1580 – über vierzig Jahre später – startet **Juan de Garay** den vierten Versuch. Er siedelt mit 66 Männern an der heutigen Plaza de Mayo und plant die Stadt – wie bedeutsam – auf einem Stück Kuhhaut.

Hauptstadt Buenos Aires

Die ersten 200 Jahre darf Buenos Aires **keinen freien Außenhandel** treiben. Die meisten Güter aus Europa kommen über Panama und Lima und werden von dort mit Ochsenkarren tausende Kilometer über Land nach Buenos Aires gebracht, was zur Folge hat, dass ein Hufeisen teurer ist als ein Pferd. Damit Spanien die Waren versteuern kann, verläuft der Weg der Produkte von Buenos Aires nach Europa ebenso unsinnig. Die Folge ist ein lebhafter **Schmuggel** mit den Portugiesen und immer schlauere Finten, mit denen die Bewohner die Gesetze der spanischen Krone umgehen. Vielleicht rührt aus jener Zeit die Leidenschaft der Porteños, staatlich verordnete Regeln auszutricksen. 1776 wird der **Handel freigegeben,** die Wirtschaft beginnt zu florieren und Buenos Aires wird mit seinen rund 27.000 Bewohnern von der spanischen Krone zur **Hauptstadt des Vizekönigreichs Río de la Plata** erklärt.

Unabhängigkeit und Bürgerkriege

Die Invasion Napoleons in Spanien bietet eine günstige Gelegenheit, sich von der spanischen Krone zu lösen. Am 25. Mai 1810 muss der Vizekönig die Macht einer *junta criolla,* einer argentinischen Führung, übergeben, doch erst sechs Jahre später, am 9. Juli 1816, rufen die Argentinier die **Unabhängigkeit** aus. Seitdem werden **zwei Nationalgedenktage** gefeiert: die Mairevolution und der Tag der Unabhängigkeit. Die neue Freiheit löst einen erbitterten und blutigen Streit um die Vormacht zwischen Buenos Aires und dem Landesinneren aus. Vereinfacht gesagt, streben die Unitaristen eine Zentralregierung unter der Führung von Buenos Aires an, während die Förderalisten die Selbstständigkeit der Provinzen bewahren wollen.

△ *Ein Herrscherpaar wie aus dem Bilderbuch: Juan Perón und Evita*

Die erste Diktatur

Die Bürgerkriegszustände sind so chaotisch, dass 1829 ein förderalistischer Führer aus der Pampa zum Gouverneur von Buenos Aires berufen wird: Der *caudillo* **Manuel de Rosas** regiert wie ein Diktator, hemdsärmelig und willkürlich. Nach 23 Jahren wird er hinausgeworfen. Argentinien gibt sich eine neue Verfassung und 1862 wird **Bartolomé Mitre** Präsident der jungen *República Argentina.* Die förderalistische Struktur mit Provinzregierungen wird beibehalten und bis Mitte des 19. Jahrhunderts bleibt Buenos Aires „La gran Aldea" („Das große Dorf") wie Lucio Lopez 1884 einen Roman über die Stadt betitelt.

Die Einwanderer

1880 wird Buenos Aires endgültig zur **Hauptstadt von Argentinien** erklärt. Die Stadt wächst rasend schnell. Lebten 1870 nur gut 180.000 Menschen hier, sind es 25 Jahre später schon rund 660.000. Über die Hälfte von ihnen sind **Immigranten aus Europa**: verarmte Landarbeiter aus

Italien und Spanien, Osteuropa und Deutschland. Um die Jahrhundertwende wandelt sich das Antlitz von Buenos Aires vollständig und es entwickelt sich von einem verstaubten Kolonialstädtchen zu einer **mondänen Großstadt** mit Cafés und Theatern, gepflasterten Straßen und Gebäuden im französischen Stil. Das Land erlebt einen enormen wirtschaftlichen Aufschwung. Während der **Erste Weltkrieg** Europa in Schutt und Asche legt, ist Argentinien eines der zehn reichsten Länder der Erde – bis die **Weltwirtschaftskrise 1929** auch Argentinien mitreißt.

Der Militärputsch

Am 6. September 1930 übernimmt die Armee unter Führung von **José Felix Uriburu** die Macht in Argentinien. Damit wird die „infame Dekade" eingeläutet, in der die Macht durch **Wahlbetrug** gesichert wird und die **Oligarchie** schaltet und waltet wie in vergangenen Kolonialzeiten, während die Arbeiter für wenig Geld viel schuften müssen, ohne politischen Einfluss zu besitzen. Diese Zustände bereiten den Boden für eines der schillerndsten Herrscherpaare der Welt: Juan Domingo Perón und seine Evita.

Evita

Juan Perón stürmt im Eilschritt die militärische Hierarchie und wirkt am Staatsstreich von 1943 mit. Beeinflusst von Mussolini und Hitler beginnt er, sich als **Arbeitsminister** der neuen Junta die Unterstützung der unteren Schichten zu sichern. Am 24. Februar 1946 wird er zum **Präsidenten** gewählt. Seine Innenpolitik ist geprägt vom **Justizialismus**, der den un-

terdrückten Arbeitern, den von **Evita** (s. S. 101) so liebevoll umworbenen *descamisados* („Hemdlosen"), soziale Gerechtigkeit mittels Lohnerhöhungen und Schutz vor Entlassungen verschaffen soll. Gleichzeitig regiert Perón mit harter militärischer Hand. Die Märchenzeit des Bilderbuchherrscherpaares nimmt ein jähes Ende, als Evita 1952 stirbt. Die Macht Peróns gerät ins Wanken und 1955 muss er fliehen.

Die Zeit der Gewalt

18 Jahre später kehrt Perón mit einer neuen Frau an seiner Seite zurück: **Isabelita**. Die beiden gewinnen 1973 die Wahlen, die Perón allerdings nicht lange überlebt. Unter der Präsidentschaft von Isabelita gleitet das Land in die Gewalt ab. 1975 wird sie ins Exil geschickt und der **Ausnahmezustand** ausgerufen. Unter **Jorge Rafael Videla** übernimmt das Militär am 24. März 1976 die Macht.

Die Verschwundenen

Es folgt eine Zeit der **Schreckensherrschaft**. Jeglicher Widerstand, jegliche Kritik, ja jeglicher Verdacht auf Opposition wird mit diabolischen Mitteln bekämpft: 30.000 Menschen scheinen wie vom Erdboden verschwunden. Sie werden in **Folterlagern** (s. S. 41) verhört und umgebracht. Mit den ersten Verhaftungswellen beginnen die Mütter der Verschwundenen, die **Madres de la Plaza de Mayo** (s. S. 61), zu protestieren. **Wirtschaftlich** geht es nach einer Phase der Stabilität wieder bergab. Um die Bevölkerung bei Laune zu halten, besetzt das argentinische Militär am 2. April 1982 die von den Engländern 150 Jahre zuvor stibitzten **Falklandinseln**,

Kein Schlusspunkt für Militärverbrechen

*Lange Zeit haben **Amnestiegesetze** und **Gnadenerlasse** die argentinischen Militärs geschützt. Nach anfänglicher Strafverfolgung hatte Präsident Raúl Alfonsín 1986 und 1987 das „Befehlsnotstandsgesetz" und das „Ley de Punto Final", das „Schlusspunktgesetz", verabschiedet, die eine **gerichtliche Verfolgung** von Verbrechen der Diktatur **verhinderten**. Daraufhin begnadigte Präsident Carlos Menem 1990 den fünf Jahre zuvor verurteilten Ex-Diktator Videla.*

*2005 wurden die Gesetze unter der Präsidentschaft von **Néstor Kirchner** aufgehoben und vom neu besetzten Obersten Gerichtshof für verfassungs- und völkerrechtswidrig erklärt. Seither laufen neue Verfahren. Doch der **Einfluss der Militärs** reicht immer noch weit: 2006 „verschwand" Jorge Julio López, ein Schlüsselzeuge des ersten Prozesses. Trotzdem geht die Aufarbeitung der Verbrechen weiter. Das wohl wichtigste Urteil wurde 2010 gefällt: Das Bundesgericht der Stadt Córdoba verhängte gegen den 85-jährigen Ex-Diktator Videla eine **lebenslange Gefängnisstrafe**. 2012 kam eine Verurteilung zu 50 Jahren Haft wegen systematischen Kindesraubs (s. S. 61) hinzu. Videla starb 2013 im Gefängnis von Marco Paz. Mit seinem Tod ist das Kapitel Militärdiktatur jedoch nicht abgeschlossen: Bis Ende 2014 läuft der dritte Prozess, die „Megacausa ESMA", gegen 67 Angeklagte, die für Folter und Mord an 789 Opfern verantwortlich sein sollen.*

die *Islas Malvinas*. Zehn Wochen später ist der **Krieg gegen England** verloren. Davon erholt sich die Militärregierung nicht.

Demokratisierung und Ausverkauf

Der Weg für demokratische Wahlen wird geebnet. **Raúl Alfonsín** wird zum Präsidenten gewählt und übernimmt am 10. Dezember 1983 das Amt. Unter der Regierung von **Carlos Menem** wird 1989 der **argentinische Peso** an den Dollar gekoppelt, um die Inflation in den Griff zu bekommen. Die staatlichen Besitztümer werden privatisiert und wieder einmal wird viel in die eigenen Taschen umverteilt.

Staatsbankrott und Wiederauferstehung

1999 übernimmt **Fernando de la Rua** das Präsidentenamt, die seit 1998 zunehmende Wirtschaftskrise aber bekommt er nicht in den Griff. Sie gipfelt zur Jahreswende 2001/2002 im **Staatsbankrott**. Innerhalb einer Woche geben sich mehrere Präsidenten im Eiltempo den Staffelstab in die Hand. Die Bankguthaben der Bürger werden eingefroren, Banken sind geschlossen, aufgebrachte Menschenmengen überfluten die Stadt. Eduardo Duhalde versucht, die Krise zu verwalten und entkoppelt den argentinischen Peso vom Dollar, woraufhin die **Währung zusammenbricht.**

Die Reichen haben ihr Geld schon vorher durch Transaktionen oder mit Koffern außer Landes gebracht. Leidtragende sind die Menschen der Mittelschicht, die einen Großteil ihrer Ersparnisse verlieren, viele von ihnen verarmen. Doch das Land rappelt sich unvermutet schnell wieder auf. Getragen von der Gruppierung **Frente para la Victoria**, eines sozialdemokratischen Teils der Peronistischen Partei, gewinnt **Néstor Kirchner** im Mai 2003 knapp die Wahlen. Im Oktober 2007 wird seine Frau **Cristina Fernández de Kirchner** als seine Nachfolgerin gewählt. Nach dem plötzlichen Tod von Néstor Kirchner 2010 wird Cristina bei den Präsidentschaftswahlen ein Jahr später im Amt bestätigt. Einfacher wird die Lage für die Präsidentin nicht. Wirtschaftlich geht es seit 2012 wieder bergab. Das schränkt ihren sozialpolitischen Handlungsspielraum ein. Die peronistische Gewerkschaft CGT reagiert mit Streiks, viele Menschen mit landesweiten Protesten. Bei den Parlamentswahlen im Oktober 2013 erlitt Kirchners Frente para la Victoria eine herbe Schlappe: Die Partei kam auf nur 33 Prozent. Das versperrt der Präsidentin den Weg zu einer dritten Amtszeit, wenn 2015 die Präsidentschaftswahlen anstehen, denn nur eine Verfassungsreform ließe eine dritte Amtsperiode in Folge zu und die dazu nötige Zweidrittelmehrheit im Parlament hat Kirchner verpasst.

Leben in der Stadt

Das größte Vergnügen in Buenos Aires besteht darin, seine Bewohner kennenzulernen und mit ihnen zu plaudern! Möglichkeiten gibt es viele, selbst ohne Spanischkenntnisse, denn Kommunikationsprobleme überbrücken Porteños mit Humor, Gewitztheit und Körpersprache. So entwirft der Wachmann vor der Casa Rosada mal eben ein Bild seiner Stadt, die Verkäuferin sinniert über Mode als Kunstform und der Kellner flirtet hingebungsvoll und lädt zu einer Ausstellung ein.

Schönheit zum Schnäppchenpreis

*Botox in den Lippen, Silikon im Busen, eine Haarverpflanzung für den Herrn mit Geheimratsecken: In Buenos Aires sollen **jährlich 50.000 Schönheitsoperationen** durchgeführt werden. Porteñas mit Geld - wie etwa die Präsidentin Cristina Fernández de Kirchner - legen sich bedenkenlos für ihr Aussehen unters Messer. Wegen des günstigen Wechselkurses reisen auch viele **Touristen** zum OP-Termin an. Selbst der Tod des argentinischen Supermodels Solange Magnano nach einer Po-Straffung im Jahr 2009 hat für keinen Einbruch auf dem Sektor gesorgt.*

Für Frauen ist es erfrischend fremd, dass der Porteño ihr die Tür aufhält und den Vortritt lässt – selbst beim Einsteigen in den Bus. Und auf der Straße flüstert er ihr, ob sie 18 Jahre alt ist oder 80, gerade noch hörbar Komplimente hinterher: „Que hermosura!", „Was für eine Schönheit!".

Der Porteño ist auch ansonsten unverkennbar **italienisch geprägt** – ein Erbe seiner Vorfahren: Er ist impulsiv und ebenso herzlich wie eitel. Dazu kommen die Neugier und Weltoffenheit, die die Bewohner eines Einwanderungslandes auszeichnet.

Der **Alltag** in Buenos Aires wird von Unsicherheit und Überlebenskampf bestimmt. Die meisten Porteños haben **mehrere Jobs parallel** zu bewältigen und entfalten beim Erfinden von Einkunftsquellen unglaubliche Kreativität: Sie arbeiten als Hundeausführer, die mit 20 Tieren an der Lei-

081ba Abb.: mc

Therapeuten mit dem Schwerpunkt Psychoanalyse gibt es zuhauf in Buenos Aires. Auf je 120 Einwohner kommt hier ein **Psychologe.** Das ist die größte Psychologendichte der Welt, um mit einem weiteren Superlativ aufzuwarten. Und es werden mehr! Weshalb das so ist, darüber gibt es viele Theorien: die Melancholie der Einwohner, ihr Narzissmus, die Heimatlosigkeit ihrer Vorfahren, die Gewalt der Militärdiktatur oder die Unsicherheit im Alltagsleben.

Noch lieber als über Psychologie fachsimpeln die Porteños über **Politik.** Dazu hat jeder etwas zu sagen – und jeder will gehört werden: Unzählige **Demonstrationen** legen die Stadt in schönster Regelmäßigkeit lahm. Mit einem herzhaften, geduzten „Fuerza Cristina" („Vorwärts Christina") sprechen sie ihrer Präsidentin Mut zu. Oder sie werfen wie die *piqueteros,* organisierte Arbeitslose, Aufmerksamkeit heischend Böller vor den Kongresspalast. Die Demos seien bezahlt, wirft dann die eine Seite der anderen vor. Wer da wen bezahlt, wer weiß das schon genau. Zumal sich in atemberaubender Geschwindigkeit Parteien formieren und wieder auflösen, Bündnisse geschmiedet und wieder verworfen werden.

Traditionelle **Parteien** sind die peronistische PJ (Partido Justicialista), 1945 von Juan Perón gegründet, und die UCR (Unión Cívica Radical), die schon 1891 entstand. Seit 2003

ne durch die Grünanlagen der Stadt spazieren, oder als lebende Werbeträger, die mit einem Plakat bei jeder Rotphase der Ampel vor die wartenden Autos der Avenida 9 de Julio springen.

Trotz all der Arbeit ist der Durchschnitts-Porteño sehr **belesen und gebildet.** Erfährt er, dass der Besucher aus Deutschland kommt, freut er sich auf eine angeregte Diskussion über Kant und Hegel. Allerdings – so beklagen die Älteren – lasse die Allgemeinbildung der jungen Leute heute zu wünschen übrig. Dabei kann fast jeder Bewohner der Stadt aus dem Stegreif einen mittellangen Fachvortrag über Sigmund Freud halten. Schließlich wurden die meisten schon als Kind zum *Psi* geschickt, weil sie an den Fingernägeln geknabbert haben.

△ Die ständigen Demonstrationen gehören zum Alltagsleben der Porteños dazu

wird das Land von den Kirchners regiert, die dem eher sozialdemokratischen Flügel der Peronisten angehören. **Bürgermeister** von Buenos Aires ist seit 2007 der konservative Unternehmer **Mauricio Macri**, der zuvor und ganz nebenbei zwölf Jahre lang Präsident des Fußballklubs Boca Juniors war. Macri hatte sich vor seiner Wahl durch seinen rabiaten Umgang mit den *cartoneros* (s. S. 52) bei den Armen nicht eben beliebt gemacht. Seine konservative Parteienallianz Pro (Propuesta Republicana) tat sich bei den Parlamentswahlen 2009 mit einem konservativen Flügel der Peronisten zusammen, der sich gegen die eigene peronistische Präsidentin **Cristina Fernández de Kirchner** richtet. Und so kommt es zwischen der Staatsregierung und dem Bürgermeister immer wieder zu „atmosphärischen Störungen", größeren Reibereien und ausgewachsenen Machtkämpfen.

Probleme, die es zu lösen gilt, gibt es viele: Da geistert immer noch das **Schreckgespenst Staatsbankrott** umher, es gibt die **Auslandsschulden**, die nicht zu bremsende **Inflation**, die **Korruption** und die **Armut**. Angeblich soll der Prozentsatz der Argentinier, die unterhalb der Armutsgrenze leben, von 48 % im Jahr 2003 auf 10,5 % im Jahr 2011 gesunken sein. Das könnte ein Erfolg der Kirchner-Politik der vergangenen Jahre, aber auch einer Uminterpretation von Zahlen und Statistiken geschuldet sein – schließlich sind die Kirchners mit sozialem Engagement angetreten und die Präsidentin muss Erfolge vorweisen. Die katholische Kirche und einige NGO schätzen, dass 25 % der Menschen unterhalb der Armutsgrenze leben und 10 % unterhalb der Elendsgrenze.

Witzige Porteños

Über die Eigenliebe der Argentinier kursieren viele Witze und dieser Narzissmus ist so groß, dass der Porteño diese **chistes** („Witze") mit Vorliebe selbst erzählt.

❯ Wie begeht ein Argentinier Selbstmord? Er stürzt sich von seinem Ego.

❯ Ein Porteño wird um Feuer gebeten. Er tastet Hosentaschen und Brusttaschen ab. „Tut mir leid", sagt er, „Ich finde mein Feuerzeug nicht. Aber Mann, hab ich einen tollen Körper."

❯ Welches Land ist dem Himmel am nächsten? Klar: Argentinien. „Nein", entgegnet der Porteño. „Uruguay! Uruguay liegt direkt neben Argentinien!"

Wer mit offenen Augen durch die Stadt geht, kann die Armut sehen: Abends ziehen die **cartoneros** mit ihren Sackkarren durch die Straßen, um aus dem Müll das herauszuklauben, was noch verwertbar ist – hauptsächlich Karton und Papier. Die **villas miserias**, die Armenviertel, sind riesig und haben enorme Zuwächse. Eines der ältesten und bekanntesten Elendsviertel, die „Villa 31" beim Retiro-Bahnhof, soll laut Tageszeitung La Nacion angeblich von 27.000 Bewohnern im Jahr 2009 innerhalb von vier Jahren auf 40.000 Menschen angewachsen sein. Die Hälfte von ihnen kommt aus Paraguay, Bolivien oder Peru. Bürgermeister Macri plante, die Bewohner der „Villa 31" an den Stadtrand zwangsumzusiedeln, aber die Nationalregierung setzte sich mit ihrem Plan durch, nach dem die „Villa 31" bis 2015 in ein reguläres Viertel umgewandelt werden soll.

Die Welt der Müllsammler

*„Schreib das auf", sagt Lidia Qinteros. „Schreib das auf, damit die Welt weiß, wie wir hier leben." Das Elendsviertel fängt bei einer kleinen Kreuzung an. Dort wo der Bürgersteig aufhört. Das Rinnsal am Rand der ungepflasterten Straße stinkt übel. Die Häuschen rücken enger zusammen. Aus den Fenstern dröhnt Cumbia, die Musik der Armen. Ein Hahn kräht. Die Kinder laufen barfuß den schmaler werdenden Weg entlang, der in ein unüberschaubares Dickicht aus windschiefen Häusern mit Wellblechdächern führt. Vor den Türöffnungen hängen zerschlissene Wolldecken. Die **Villa Cárcova** ist eines von zahllosen Elendsvierteln in Buenos Aires.*

Liborio Bisgara hat für sich und seine fünf Kinder am Ende der Villa eine Hütte gezimmert. Er konnte die Miete seiner Wohnung in der Stadt nicht mehr bezahlen, als er während der Wirtschaftskrise seinen Job als Maler verlor. Nun zieht er mit einer mannshohen Karre los, um aus dem Abfall der Stadt Papier und Kartons zu klauben, die er für ein paar Pesos an die Altpapierhändler weiterverkauft.

*Die Villa Cárcova liegt im Stadtteil San Martín, im Gran Buenos Aires, außerhalb der „Capital Federal". 6000 Familien sollen in diesem Elendsviertel wohnen. Es ist nur eine **Villa** von schätzungsweise 20 weiteren allein in San Martín. Das Leben hier folgt seinen eigenen Gesetzen. Und die sind nicht viel anders als in der bürgerlichen Welt draußen: Es gibt ärmere Bewohner und reichere Bewohner, schlaue Händler und betrogene Käufer, Drogen, Bestechung, Prostitution, Machtmissbrauch, aber auch Solidari-*

tät. Die Polizei mischt sich nicht ein. Die Villa hat ihre eigenen Wächter.

*Eine Institution der Villa Cárcova ist **Lidia Quinteros.** Nach dem Zusammenbruch der Wirtschaft im Jahr 2001, als so viele Menschen der unteren Mittelschicht in die Armut abstürzten und Nacht für Nacht allein nach offiziellen Zahlen 25.000 **cartoneros** die Abfälle der Hauptstadt durchwühlten, wurde Lidia zu ihrer Sprecherin in Cárcova. Die damals 46-Jährige klärte Probleme und hielt Kontakt zu den **Asambleas,** aktiven Bürgervereinigungen, die die Armen unterstützten. Zusammen organisierten sie Tetanusimpfungen für die „cartoneros". Dass die Mittelschicht sich mit den Armen solidarisierte, gab Lidia ein neues Selbstverständnis: „Das sind Leute, die studiert haben. Und die stehen auf unserer Seite!"*

Lidia fing schon 1991 an, Zeitungen und Kartons aus den Müllbeuteln am Straßenrand zu picken. Bevor sie am Spätnachmittag mit ihrem Sohn und der Sackkarre loszieht, macht sie sich fertig für ihre Arbeit in der Stadt: Sie duscht, zieht eine frische Jeans an und lackiert ihre Fingernägel leuchtend rosa. Es ist schon dunkel, als die ersten Müllsäcke an den Straßenrand gestellt werden. Blitzschnell sprintet Lidia hin, ein anderer Müllsammler zieht enttäuscht weiter. „Heute musst du schnell sein, wenn du auf die Straße gehst", sagt Lidia, „Du musst laufen, wenn du etwas abbekommen willst."

Jetzt, wo es Nacht wird, tauchen an jeder Straßenecke dunkle Gestalten auf. Sie hocken schweigend über den Müllsäcken, reißen sie auf, füllen Taschen und Sackkarren mit dem

Brauchbaren. Die Reste bleiben verstreut liegen. Lidias lange Finger tasten über einen Plastikbeutel, um herauszufinden, ob es sich lohnt, ihn zu öffnen. Der Müll ist klebrig und riecht süßlich-gegoren, als sie vorsichtig die wertvollen Dinge hervorzieht: Einen dicken Stapel Papier und ölige, gefaltete Pizzakartons. Dann verschließt sie den Müllbeutel wieder sorgfältig und stellt ihn für die Müllabfuhr an die Straßenlaterne. „Das gehört dazu", sagt sie und schaut auf die andere Seite, wo der Müll aus zerrissenen Beuteln auf der Straße weht. Lidia kennt ihre Arbeit. Sie weiß, wo es den besten Müll gibt, und sie kennt die Hausmeister. Manche warten mit den Säcken auf sie.

Viele Bewohner der Villa Cárcova gehen mit ihren Karren direkt zur Müllhalde der CEAMSE, einer Abfallentsorgungsfirma, deren Deponie gleich um die Ecke des Elendsviertels liegt.

Seitdem der Zug, der sie früher in die Stadt brachte, nicht mehr fährt, sind es mehr geworden. Weit über Tausend sollen hier täglich nach Verwertbarem stöbern: Papier und Plastik, Aluminium und Kupfer. Viele suchen aber einfach irgendetwas zum Essen.

Lidia kämpft weiter um ihre Würde und um die Würde der anderen: Mit Unterstützung aus ihrer **Asamblea** hat sie eine Schule für die Kinder aus Cárcova eröffnet. „Sin pan y sin trabajo" heißt sie, „Ohne Brot und ohne Arbeit". „Die Politiker sagen, dass sie sich schämen für uns. Sie sagen, dass wir die Touristen vergraulen", erklärt Lidia Quinteros, „aber eigentlich müssten wir uns schämen. Für die schlechten Politiker, die wir wählen."

◹ Mit dem Müll der Stadt bestreiten die „cartoneros" ihren Lebensunterhalt

Elendsviertel
Offiziell existieren allein in der Capital Federal 21 Elendsviertel. Die meisten liegen im Süden der Stadt. 2008 lebten 167.500 Bewohner in den Slums von Buenos Aires. Im Großraum der Stadt soll es nach Angaben der Nichtregierungsorganisation Un techo para mi pais im Oktober 2011 zusätzliche 864 villas miserias gegeben haben, in denen rund 500.000 Familien lebten.

Das Gefühl der Metropole: Tango

„Meine Kinder sollen Tango tanzen lernen", sagt der Taxifahrer nachdrücklich. Das sei eine Investition in die Zukunft, damit könnten sie später Geld verdienen. „Und es ist ja auch unser kulturelles Erbe", fährt er fort. Er selbst allerdings hat sich nie mit Tango beschäftigt, und er kennt auch niemanden, der Tango tanzt. Nur in seinem Taxi, da kutschiert er häufig Touristen, die wegen des Tangos nach Buenos Aires kommen. Es scheint ihm ein gutes Geschäft zu sein: Als Tangolehrer, als Musiker, als Showtänzer, ja selbst als Eintänzer für Touristinnen kann man sein Auskommen haben. Kurz, das Geschäft mit dem Tango boomt. Das war nicht immer so.

An der südlichen Grenze der *Capital Federal* gibt es noch ein ganz anderes Problem: „Der Riachuelo ist Sinnbild der Verschmutzung in Argentinien", so meint ein Greenpeace-Bericht von 2010. Das Gewässer hat es 2013 auf Platz acht der am meisten vergifteten Orte der Welt geschafft. Schon die Kolonialherren warfen ihren **Abfall** in das Flüsschen. Heute spült der 60 km lange und 35 Meter breite **Riachuelo** Quecksilber, Brom und andere Chemikalien in den Río de la Plata. Im stinkenden Gemisch aus Gülle und Schwermetallen, das das Wasser mit sich führt, ist kein Leben mehr möglich. Es gab schon viele Umweltschutzpläne für das Flüsschen, die allerdings immer wieder – wie so vieles andere – im Nichts versandeten.

Diese Tatenlosigkeit ist die Kehrseite des eloquenten und immer ein wenig melancholischen Porteño, der spontan und schicksalsergeben auf die Unwägbarkeiten des Lebens reagiert.

Noch Anfang der 1990er-Jahre wussten nur Eingeweihte, wo man in Buenos Aires Tango tanzen konnte. Für alle anderen war Tango beschränkt auf die teuren Tango-y-Cena-Shows (s. S. 37), selbst Tangosouvenirs gab es nirgendwo zu kaufen. Dabei lebte der Tango in dieser Zeit schon wieder auf, nachdem er in den 1960er-, 1970er- und bis in die 1980er-Jahre hinein nahezu vollständig aus den Herzen der Porteños verbannt worden war. Dafür machen manche die nordamerikanische Dominanz im Musikgeschäft verantwortlich, andere die Zeit der Repression von 1973 bis 1983.

Auftrieb bekam der Tango wieder, nachdem er in Europa auf Interesse stieß. Ein Auslöser dafür war die argentinische Show „Tango Argentino", die 1983 ihre Uraufführung in Paris feierte.

Es war nicht das erste Mal, dass eine Kettenreaktion zwischen Europa

▷ *In vielen Milongas wird bis morgens um 6 Uhr getanzt*

und Argentinien die Geschichte des Tangos beeinflusste.

Entstanden sind Tangomusik und Tangotanz in der zweiten Hälfte des 19. Jahrhunderts. Die **Ursprünge** sind nicht mehr zu klären – wie so vieles in seiner über 130-jährigen Geschichte. Eines scheint aber sicher: Der Tango ist das gemeinsame Kind von **europäischen Einwanderern, schwarzen Sklaven** und **argentinischen Gauchos**. Verarmte Landarbeiter aus Italien, Spanien, Deutschland und Osteuropa hatten im Gepäck ihre Instrumente dabei und in ihren Herzen die Musik und die Tänze ihrer Heimat bewahrt. Sie lebten Seite an Seite mit Arbeit suchenden Gauchos aus der Pampa in *conventillos,* Häusern mit bis zu 60 Zimmern, die sich häufig zehn Personen teilten. Sanitäre Anlagen gab es kaum, gekocht wurde im Hof. In dieser Armut, der Hoffnungslosigkeit und dem Heimweh boten **Musik** und **Tanz** den Menschen Trost. Trios zogen mit Flöte, Geige, Gitarre durch die Hinterhöfe und improvisierten, was ihre Zuhörer wünschten: Polka, Walzer oder die Habanera, die als Vorläuferin des Tangos gilt. Das Ganze mischte sich teils mit den Stehgreifgesängen der Gauchos und teils mit den Rhythmen der Schwarzen. Die beliebtesten Melodien wurden auf Drehorgeln in einfachen Cafés weiter verbreitet. Hier durfte auch getanzt werden – wegen des großen Frauenmangels meist mit den Kellnerinnen. Vielleicht ist dem Tango deswegen oft und gerne ein Ursprung in den Bordellen angedichtet worden.

1897 entstand der älteste überlieferte Tango: „El entrerriano", ein lustig-flottes Stück. Zum Mittelpunkt der Tango-Ensembles hatte sich das deutsche **Bandoneon** entwickelt, das 1865 in Buenos Aires gelandet

sein soll. Innerhalb kürzester Zeit verkörperte es mit seinem seufzenden Klang wie kein zweites Instrument den Tango. Das Bandoneon ersetzte die Flöte, und da die Musiker nicht mehr durch die Hinterhöfe zogen, verdrängte das Klavier bald die Gitarre. Um die Jahrhundertwende spielten in den Cafés und Kneipen des Hafenviertels **La Boca** zahllose Tangotruppen. Die Menschen kamen aus weit enfernten Vierteln hierher, denn das junge Musikgenre traf den Nerv der Zeit. Legenden woben sich um die Tänzer. Der wohl berühmteste unter ihnen hieß El Cachafaz und focht wilde Tanzduelle mit anderen Platzhirschen auf dem Parkett von Hansens Tanzlokal im **Parque Tres de Febrero** aus.

1912 machte **Baron Antonio de Marchi** den Tango vollends gesellschaftsfähig: Er organisierte einen Tangoball im Palais de Glace im hochbürgerlichen Recoleta. Damit auch die feinen Damen den Tanz akzeptierten, engagierte er einen Tanzlehrer, der die **cortes** und **quebradas**, die plötzlichen Stopps und Verbiegungen, abmilderte, mit denen die Frauen bis dahin über die Tanzfläche gezerrt wurden.

Zur gleichen Zeit machte der Tango auf der anderen Seite des Ozeans Furore: In der Oberschicht von **Paris** wurde er von heute auf morgen zum aktuellen Modetanz und breitete sich von hier blitzgeschwind aus. Nach dem Ersten Weltkrieg war er aus **Berlins** gigantischen Tanzpalästen nicht mehr wegzudenken und selbst im entfernten **Tokio** fasste der Tango in den 1920er-Jahren Fuß. Dieser Erfolg im Ausland gab dem Tango in seiner argentinischen Heimat zusätzlichen Auftrieb und er schaffte endgültig den Sprung vom armen Hafenviertel in die mondänen Cafés und Cabarets des Zentrums.

In dieser Zeit tauchte ein Mann auf, der zum Inbegriff des Tangos werden sollte und bis heute wie ein Heiliger verehrt wird: **Carlos Gardel** (s. S. 111). Als er 1917 das poetisch-melancholische „Mi noche triste" („Meine traurige Nacht") sang, wurde neben Musik und Tanz die **Tangopoesie** zur künstlerischen Ausdrucksform. Der Tango eroberte Theaterbühnen und selbst in Kinos begleiteten Tangosextette die Stummfilme. Dazu kamen eine sich rasend schnell entwickelnde Plattenindustrie, das aufkommende Radio und der Tangoboom in Europa. Die Musik war an jeder Ecke der Stadt präsent. Eine neue Generation von Musikern wollte jetzt nichts mehr dem Zufall überlassen: Statt die Tangos improvisiert zu interpretieren, begannen sie in den 1930er-Jahren, mit punktgenauen Arrangements zu arbeiten.

Damit wurde das „**goldene Zeitalter**" des Tangos eingeläutet. Ende der 1930er- und in den 1940er-Jahren

Weltmeister im Tangotanzen

*Welches ist das weltbeste Tangotanzpaar? Diese Frage ist höchst umstritten! Ganze Foren widmen sich in erbitterten Schreibschlachten der Frage, ob ein nicht standardisierter Tanz überhaupt bewertbar sei, ob man einem Gefühl eine Note geben könne. Nichtsdestotrotz richtet die Stadt Buenos Aires seit 2003 jährlich im August die **Weltmeisterschaft im Tangotanzen** aus, den **Campeonato Mundial de Baile de Tango**. Hunderte von Tanzpaaren aus aller Welt nehmen in den Kategorien **Tango Salón** und **Tango Escenario** teil und seit einigen Jahren sind unter den Gewinnern nicht mehr nur Argentinier zu finden.*

❯ *www.tangobuenosaires.gov.ar*

erlebte Argentinien als Lieferant von Fleisch und Getreide in das kriegsgeschüttelte Europa einen neuen wirtschaftlichen Aufschwung: Die Menschen hatten genug Geld, um auszugehen und in riesigen Tanzsälen und Sporthallen wie dem Luna Park amüsierten sich Tausende. Die Damenwelt lauschte verzückt den Sängern, und man tanzte, solange die Beine mitmachten. In dieser Zeit von Glanz und Gloria gab es, wie Michel Plisson in seinem Buch „Tango" schreibt, über 600 Tango-Orchester in Buenos Aires. Um für die riesigen Säle laut genug spielen zu können, wurde das Sextett zum *orquesta típica* erweitert, mit vier Bandoneons, vier Geigen, Bass und Klavier.

Auf dem Tanzparkett wimmelte es dabei wie in einem Ameisenhaufen. Die Enge hatte Auswirkungen auf den **Tanzstil:** Es gab keinen Platz mehr für die wilden Beinschwünge eines Cachafaz. Die Zeit war reif für fließende Bewegungen. Carlos **Alberto „Petroleo" Estévez** – tagsüber erfolgreicher Banker und nachts großartiger Tänzer – zettelte, misstrauisch von den Alten beäugt und beschimpft, eine Revolution im Tangotanz an: Er entdeckte mit seinen Freunden die fortgesetzte Drehung. Das veränderte den Tanz vollständig, denn die Tänzer waren fortan nicht mehr auf festgelegte Figuren angewiesen.

Nach dieser fieberhaften Zeit verschwand der Tango in den 1950er-Jahren als Massenphänomen und war ab den 1960er-Jahren nur noch in Fernsehshows und auf der Bühne präsent. Diesen ganz anderen Bühnentango, auch *tango fantasía* genannt, hat **Juan Carlos Copes** entscheidend geprägt. Von ihm laufen auch heute noch von Zeit zu Zeit Tangoshows in den Theatern der Avenida Corrientes. Wer möchte und ein wenig Glück hat, kann sogar Unterricht bei dem 83-jährigen Spitzentänzer und seiner Tochter nehmen. Auf der Tanzfläche, im Radio und bei den Plattenverkäufen florierten ab 1955 andere Rhythmen – die Jugend packte das Rock-and-Roll-Fieber. Unterdessen krempelte ein Bandoneonist die Tangomusik völlig um: **Astor Piazzolla** versetzte sie mit Elementen des Jazz und einem Kammermusikton. Das war keine Tanzmusik mehr. Tango war für Piazzolla die „Musik aus Buenos Aires". Für diese Kompositionen wurde er von den alten Tangoliebhabern beleidigt und verfemt.

Die jungen Porteños empfanden bis in die späten 1990er-Jahre die alten Tangos als sentimental und verkitscht, der Tanz war für sie ein Freizeitvergnügen von Rentnern. Doch es war schon alles bereit für ein neues „goldenes Zeitalter". **Gustavo Naveira** und **Fabián Salas** waren dabei, den Tango und sein Schrittrepertoire neu auszuloten. Zusammen mit anderen jungen Tänzern wie **Chicho Frúmboli** legten sie die Struktur des Tangos frei und entdeckten eine Fülle tänzerischer Möglichkeiten. Auch sie teilten das Schicksal aller Neuerer: Von den alten Tänzern, den *milongueros,* werden sie bis heute verachtet. Zumal sie ein Sakrileg begingen: Sie tanzten zur Musik von Astor Piazzolla, die ihnen passender schien für die vielfältigen neuen Ausdrucksmöglichkeiten.

Für Traditionalisten sollte es im neuen Jahrtausend noch ärger kommen: Das Trio Gotan Project verband klassische Tango-Elemente mit Versatzstücken aus House, Hiphop und Reggae. Dieser **Electrotango** fand in den folgenden Jahren Dutzende Nachahmer. Die Musik sprach jün-

EXTRATIPP

Wer? Wann? Wo?

Einblick in die unübersichtlich große Tangoszene bieten zahlreiche Gratisblätter wie etwa **Punto Tango,** ein Heftchen in handtaschengerechter Größe mit vielen Anzeigen und den wichtigsten Adressen und Daten. Das Zentralorgan ist aber immer noch die **El Tangauta,** die zu Terminen und Anzeigen auch interessante Geschichten und Interviews liefert. Seit 1995 erscheint die Zeitschrift um den 10. jeden Monats. Verpasst? Macht nichts. Nach einer kostenlosen Registrierung kann man ältere Ausgaben unter www.eltangauta.com herunterladen.

Die Tänzerschmieden: Tangoschulen

S94 [D4] **Escuela Argentina de Tango**, Galerías Pacífico, Viamonte (Ecke San Martín), www.eatango.org, Tel. 43124990. Hier unterrichten bekannte klassische Lehrer wie Aurora Lubiz u. a.

S95 [ck] **Tango escuela Carlos Copello**, Anchorena 575 (Ecke Lavalle), www.carloscopello.com, Tel. 48646229. In nettem, familiärem Ambiente unterrichtet der Copello-Clan.

S96 [bk] **DNI-Tango**, Bulnes 1011/13 (Ecke Lavalle), www.dni-tango.com, Tel. 48666553. Tangounterricht nach dem System von Dana Frigoli.

S97 [D8] **El tacuari**, Tacuari 1557 (Ecke Brasil), www.eltacuari.com, Tel. 43627077. Im Laden des Deutschen Andreas Erbsen und seiner argentinischen Frau Ruth Manonellas unterrichten Urgesteine des Tango, man kann aber auch argentinische Folkoretänze lernen. Achtung: keine Spaziergegend.

KURZ & KNAPP

Weltkulturtänzer

Der Tango ist etwas Besonderes, das haben seine Anhänger schon immer gewusst. Am 30. September 2009 hat die UNESCO das bestätigt und den **Tango als Teil des Weltkulturerbes** in die Liste der schützenswerten immateriellen Kulturgüter aufgenommen. Mündliche Traditionen, Rituale und Feste sollen so bewahrt werden. Wer nachts in Buenos Aires in den Tangosälen schwofen geht, hat also einen Auftrag: Die Erhaltung eines Weltkulturerbes.

gere Menschen an und war Ausdruck des nervösen Buenos Aires des 21. Jahrhunderts. In die Milongas von Buenos Aires hat der Electrotango allerdings keinen dauerhaften Einzug gehalten. Zum Tanzen werden allerorten die Tangos des alten „goldenen Zeitalters", der 1930er- bis 1950er-Jahre, gespielt.

Nachdem die Dollarparität des argentinischen Peso 2002 aufgehoben wurde, explodierte der Handel rund um den Tango in Buenos Aires förmlich. Argentinien wurde zu einem **erschwinglichen Reiseland** und von Tokio und New York, Moskau, Paris und Berlin pilgern Tangotänzer hierher, kaufen ein, gehen aus und nehmen Unterricht. 2006 belief sich laut einer Studie des Wirtschaftsforschers Jorge Marchini die Summe, die direkt durch den Tango erwirtschaftet wurde, auf 135 Millionen US-Dollar. Transport, Unterkunft und Verpflegung verdreifachen diese Summe. Den meisten Umsatz machen dabei die Tango-y-Cena-Shows, den zweiten Platz belegen die Tangoschulen. Kein Wunder: In Buenos Aires wollen alle Tango tanzen lernen. Selbst die Porteños – und sei es auch nur, um später damit Geld zu verdienen.

Doch mehr als eine Musik, mehr als ein Tanz ist der Tango ein **Gefühl**, das fest im kollektiven Gedächtnis der Porteños verankert ist. Ein Gefühl der Melancholie und der Unwägbarkeit des Alltags gepaart mit unbändigem Lebenswillen.

Buenos Aires entdecken

002ba Abb.: mc

Das koloniale Buenos Aires

🔴 Plaza de Mayo ★★★ [E5]

Weltruhm erlangte der Platz durch den stummen Protest der Madres de la Plaza de Mayo (s. S. 61). Der älteste Platz der Stadt war aber immer schon Bühne für die wichtigsten Ereignisse der argentinischen Geschichte. Hier soll Juan de Garay am 11. Juni 1580 die Stadt gegründet haben. Hier wurde am 25. Mai 1810 für die Unabhängigkeit demonstriert und 1860 der Verfassungsschwur abgelegt. Und hier versammelte Evita 1945 Abertausende Anhänger, die den Peronismus zur Herrschaft brachten.

Unter hohen Palmen lässt sich heute auf einer schattigen Parkbank gut das Leben und Treiben beobachten. Fliegende Händler bieten argentinische Flaggen in jeglicher Größe an, andere verkaufen gebrannte Erdnüsse. Die Veteranen des Falklandkrieges haben ihre Zelte aufgeschlagen und verlangen nie gewährte Entschädigung für die Folgen des Krieges von 1982. Kinder jagen aufflatternden Tauben hinterher, die – so wird gerne erzählt – Nachfahren jener bunt bemalten Vögel sind, mit denen ein gewisser Benito Costoya in den 1930er-Jahren Taubentheaterspektakel veranstaltete.

Die Plaza de Mayo ist ein Platz, der seine stürmische Geschichte und die **blutige Vergangenheit** nie ganz losgeworden ist: Henker richteten hier Banditen und Verschwörer hin, Anarchisten legten Bomben und Antiperonisten bombardierten ihn aus der Luft. Es gab Streiks und Demonstrationen mit vielen Toten – bis in die Gegenwart: Während der jüngsten Krise wurde am 19. Dezember 2001 eine Handvoll Menschen erschossen, die mit Zehntausenden anderen aufge-

brachten Bürgern unter Topfgeklapper und mit dem Ruf „¡Que se vayan todos!" („Haut bloß alle ab!") die Politiker aus den Ämtern skandierten.

Seinen Namen bekam der Platz zu Ehren der **Mairevolution von 1810**, als er 1884 aus zwei kleineren Plätzen zusammengefügt wurde. Historisches und politisches Zentrum ist dieser Ort aber seit Anbeginn der Stadtgeschichte. Rundherum liegen die wichtigsten Bauwerke und Institutionen Argentiniens: Der rosafarbene Regierungssitz **Casa Rosada** 🔴, der alte Kongress, in dem heute die Steuerverwaltung sitzt, das Wirtschaftsministerium, die Nationalbank, die **städtische Kathedrale** 🔴, das **Cabildo** 🔴 und der Palast der Stadtregierung.

Ein kleiner Kreis im Zentrum der Plaza de Mayo wurde von der Stadt 2005 zum „historischen Ort" erklärt: Er ist dem schweigenden Protest der **Madres de la Plaza de Mayo** gewidmet und ist durch auf das Pflaster gemalte, **weiße Kopftücher** markiert. Mitten drin steht die **Pirámide de Mayo**, die zum Gedenken an den ersten Jahrestag der Revolution am 25. Mai 1811 errichtet wurde. Sie wurde in nur 48 Tagen aus Holz und Ziegelsteinen aufgeschichtet. Knapp ein halbes Jahrhundert später ummantelte man den etwas schäbigen Originalobelisken schick in Weiß und stellte eine kleine Freiheitsstatue auf die Säule. Als der Platz 1884 umgebaut wurde, sollte die verloren wirkende Maisäule eingestampft werden, doch der patriotische Widerstand siegte: 1912 stellte man sie prominent in die Mitte der Plaza de Mayo und ins Zentrum der Aufmerksamkeit.

❯ Subte A: Perú oder Plaza de Mayo, Subte E: Bolívar, Subte D: Catedral

Mütter gegen das Vergessen

Azucena Villaflor bittet am 30. April 1977 um eine Audienz beim Diktator *Jorge Rafael Videla*, der seit einem Jahr mit Militärmacht in Argentinien herrscht. Villaflor und 13 weitere Frauen wollen vom Verbleib ihrer „verschwundenen" Kinder erfahren. Die Frauen werden nicht empfangen, man befiehlt ihnen zu gehen. Und das tun sie: Sie gehen und zwar immer um die Pirámide de Mayo herum. Seit diesem Tag protestieren die Mütter jeden Donnerstag um 15.30 Uhr für ihre Kinder, gegen das Regime und später gegen das Vergessen. Die Bilder der *Madres de la Plaza de Mayo* gehen um die Welt und *ihre weißen Kopftücher werden zum Symbol* des zivilen Widerstands.

Azucena Villaflor, die Mitbegründerin der Bewegung, wird im Dezember 1977 - wie ihr Sohn zuvor - von den Militärs *entführt und ermordet.* Hebe de Bonafini führt an ihrer Stelle den Kampf fort. Später teilt sich die Organisation der Mütter in *zwei Gruppen.* Die Frauen um die streitbare Hebe de Bonafini (www.madres.org) haben ihr Büro, einen Buchladen und das Café El Revolucionario (s. S. 18) an der Plaza del Congreso. Mit dem Aufbau einer Hochschule mischen sie sich aktiv in Sachen Menschenrechte und Entwicklung der internationalen Wirtschaft ein. Die zweite Fraktion sieht sich in der Nachfolge der Gründungsgruppe (www.madresfundadoras.blogspot.com.ar). Zudem haben sich 1983 die *Abuelas* zusammengetan, die Groß-

mütter der Plaza de Mayo (www.abuelas.org.ar), die versuchen, ihre in den Gefängnissen geborenen Enkel aufzuspüren. 113 dieser Kinder, die von Regimetreuen adoptiert wurden, nachdem ihre Eltern ermordet worden waren, haben die Großmütter bis 2014 entdeckt.

Auch Azucena Villaflor ist wieder gefunden worden. 28 Jahre nach ihrem „Verschwinden" identifizierte man ihren Leichnam. Ihre Asche wurde am 8. Dezember 2005 vor der Pirámide de Mayo beigesetzt.

❯ *Marsch der Mütter,* Do. 15.30 bis 16 Uhr auf der Plaza de Mayo

◁ *Seite 59: Blick vom Balkon der Casa Rosada ❷ auf die Plaza de Mayo*

◠ *Das weiße Kopftuch der Madres de la Plaza de Mayo wurde weltweit zum Symbol zivilen Widerstands*

027ba Abb.: mc

2 Casa Rosada ★★ [E5]

Wer die Casa Rosada betrachtet, wird ein Bild vor Augen haben: Evita, die auf dem Balkon mit erhobenen Armen zu den Menschenmassen spricht. Das Bilderbuchherrscherpaar Eva und Juan Perón machten den Balkon der Casa Rosada zum Sinnbild für die Beziehung zwischen Regierung und Volk.

Das 1898 eingeweihte, **rosafarbene Gebäude** an der Stirnseite der Plaza de Mayo ist immer noch **Sitz der argentinischen Regierung** – wenn auch nur zu Repräsentationszwecken. Zu Kolonialzeiten stand hier das **Fort**: Die Anlage war 1595 am Flussufer gebaut worden, das damals hinter der Casa Rosada auf der Höhe des Parque Colón verlief. 1713 wurde die Festung neu errichtet, 1850 aber zum Großteil abgerissen. Im übriggebliebenen Teil richtete Präsident Sarmiento seinen Regierungssitz ein und ließ das schlichte Gebäude rosa anstreichen – angeblich, um damit die Einheit Argentiniens auszudrücken: Er mischte das Weiß der Unitarier mit dem Rot der mit ihnen verfeindeten Föderalisten. Profanere Stimmen sagen, man habe damals eine rosafarbene Mischung aus Kalk, Rinderblut und Rindertalg benutzt, um Fassaden wetterbeständig zu machen. Wie dem auch sei: Der rosafarbene Anstrich für das Regierungsgebäude ist bis heute Tradition.

1878 wurde an der Straße Yrigoyen der **Palacio de Correos** fertiggestellt, der den einfachen Regierungssitz neben sich in den Schatten stellte. Also musste ein neues Gebäude her, eines, das dem schicken Postamt ähneln sollte. 1894 wurden beide Bauten zusammengefügt – man brauchte mehr Platz zum Regieren. Der Italiener Francisco Tamburini hatte dafür einen Triumphbogen mit einer aufgesattelten Loggia entworfen, hier eine Terrasse zugefügt und dort einen Balkon – fertig war das neue Regierungs-

⌃ *Der rosafarbene Anstrich der Casa Rosada hat seit 1873 Tradition*

⌐ *Grenadiere in historischen Uniformen bewachen den Regierungssitz*

gebäude, die **Casa Rosada,** so wie sie zum Großteil heute noch steht.

Bewacht wird die Casa Rosada von **Grenadieren,** deren schnieke blau-rote Uniform auf die Zeit der Unabhängigkeitskriege zurückgeht. Seit 2008 kann man ihnen wieder beim Wachwechsel zuschauen oder ihrem Blasorchester Fanfarría Alto Perú beim populären Konzert zuhören. Die Elitesoldaten führen aber auch – ganz bürgernah – die Touristen durch die Casa Rosada und lassen sich dabei wohl hundert Mal am Tag ablichten. Auf dem knapp halbstündigen Rundgang durchstreifen die Besucher den Ehrensaal und flanieren über weit geschwungene Marmortreppen. Und sie dürfen sich einmal wie Evita fühlen, wenn sie vom Balkon auf die Plaza de Mayo blicken.

> Balcarce 50 (zwischen Rivadavia
> und Hipólito Yrigoyen), Zentrum,
> Tel. 43443802, Sa./So./Fe. 10–18 Uhr,
> Eintritt frei (Zutritt nur bei Vorlage eines
> Passes), Subte A: Plaza de Mayo, Subte
> E: Bolívar, Subte D: Catedral

O28ba Abb.: mc

EXTRATIPP

Auf den Spuren des Papstes

Unter dem Titel „Circuito Papal" führt Daniel Vega seit Mai 2013 durch das Leben des Papa Francisco und erzählt aufgeräumt Anekdoten und Mutmaßungen über den Heiligen Vater. Dienstags um 15 Uhr geht es zu Fuß rund um die Plaza de Mayo ❶, Treffpunkt ist die Catedral Metropolitano ❸. Für eine dreistündige Führung per Bus muss man sich unter circuitopapal@buenosaires. gob.ar anmelden. Die von der Stadt organisierten Touren sind kostenlos.

❸ Catedral Metropolitana ⭐ [E5]

Sie ist die wichtigste Kirche von Buenos Aires. Auch wenn die neoklassizistische Fassade mit den zwölf Säulen einem griechischen Tempel nachempfunden ist und man dahinter eher ein Museum vermuten würde: In dieser Kathedrale wirkte 15 Jahre lang, bis zu seiner Wahl im Jahr 2013, Papst Franziskus.

Als Stadtgründer Juan de Garay 1580 landete und Buenos Aires plante, sah er dieses Fleckchen am Hauptplatz für die Kirche der Stadt vor. Möglicherweise kein glücklicher Platz, denn in den vergangenen 430 Jahren brachen hier fünf Kirchen beinahe, teilweise oder ganz zusammen. Aber die sechste, die steht.

Die ersten drei Kapellen, aus Lehm und Holz gebaut, hielten nicht lange und wurden kurz vor dem Zusammenbruch jeweils durch den nächsten Neubau ersetzt. Bei der vierten, nun schon dreischiffigen Kirche, kam man zu spät: Turm und Dach stürzten ein. Bei dem fünften Gotteshaus brach 1752 das Kirchenschiff zusammen und nur die Fassade und die Türme blieben erhalten.

Der argentinische Vater: Papst Franziskus

In seiner Jugend tanzt er Tango und begeistert sich für den Fußballklub San Lorenzo. Als er mit 21 Jahren an Lungenkrebs erkrankt, fühlt er die Berufung zum Geistlichen und tritt 1958 in den Jesuitenorden ein. Seine Rolle während der Militärdiktatur ist umstritten. Seine Rolle als Kämpfer für die Armen in den „villas miserias" von Buenos Aires hingegen nicht. Die herausragendste Eigenschaft von Jorge Mario Bergoglio, heute Papst Franziskus, ist seine Menschlichkeit. Und aus diesem Grund lieben ihn die Argentinier. Kaum ein Tag, an dem keine Nachricht von „Papa Francisco" in den argentinischen Zeitungen erscheint.

Jeder Anwohner, jeder Geschäftsinhaber an der Plaza de Mayo erinnert sich an ihn: Er hat ihre Kinder und Enkel getauft, beim Friseur in der Pasaje Roverano (Subte A: Perú) hat er sich 20 Jahre lang einmal im Monat die Haare schneiden lassen, am Kiosk an der Ecke hat er seine Zeitungen gekauft, hier ist er in die Subte gestiegen und in den Bus. Die Verehrung ist groß und natürlich der Stolz auf ihn.

Am 13. März 2013 kommt Monseñor Bergoglio als erster Nichteuropäer und als erster Jesuit auf den Heiligen Stuhl, wird schon im gleichen Jahr vom Time Magazine zur Person des Jahres gewählt und schafft es 2014 auf das Titelblatt des Rolling Stone. Ein Argentinier! Jeder noch so atheistische „Porteño" hat es doch immer schon gewusst: Argentinien ist dem Himmel eben am nächsten.

Die **sechste Kirche** bekam eine Kuppel, die – kaum war sie fertig – große Risse zeigte und wieder abgetragen wurde. 26 Jahre werkelte man hinter der Fassade an einer neuen Kirche, dann war das Gotteshaus fertig – groß und schön –, nur die Fassade war nun zu klein. 1778 wurde sie mitsamt den Türmen abgerissen. Erst 1863 war die neue Front fertig. Das Innere der Kirche, das zwischen Renaissance und Barock pendelt, bekam seinen letzten Schliff 1911.

Die **zwölf Säulen des Portals** repräsentieren übrigens die zwölf Apostel. Die **ewige Flamme** brennt zu Ehren des unbekannten Soldaten der argentinischen Freiheitskämpfe und natürlich in Erinnerung an den nationalen Überhelden der Unabhängigkeit, General San Martín, dessen Gebeine seit 1880 in einem Mausoleum in der Kirche aufbewahrt und von zwei Grenadieren bewacht werden. Ihr Wachwechsel (11, 13, 15 Uhr) war lange der beliebteste Grund für Touristen, die Kathedrale zu besuchen. Seit dem 13. März 2013 aber kommen Besucher von nah und fern, um Papst Franziskus in seiner alten Wirkstätte näher zu kommen. Dieser wohnte übrigens während seiner Zeit in Buenos Aires in dem weißen Betonklotz direkt neben der Kathedrale, der eigentlich nur für Büroräume der Kurie vorgesehen ist.

❯ San Martín 27, Zentrum, Tel. 43312845, www.catedralbuenosaires.org.ar, Mo.–Fr. 7.30–18.30 Uhr, Sa./So. 9–19 Uhr, Messen: Mo.–Fr. 9, 12.30, 18 Uhr, Sa. 11.30 u. 18 Uhr, So. 10, 11.30, 13, 18 Uhr. Führungen durch Kirche, Krypta und Sakristei: Mo.–Fr. 11 Uhr. Subte A: Perú, Subte E: Bolívar, Subte D: Catedral

➍ El Cabildo ★★ [E5]

*Auf den ersten Blick sieht das weiß-
getünchte Cabildo wie eine der letzten Kolonialbauten aus. Auf den zweiten Blick wirkt das Gebäude seltsam
unbeholfen. Tatsächlich ist das Rathaus ein hübsches Beispiel dafür,
wie die Porteños ihre Geschichte und
ihr Leben unermüdlich neu erfinden.*

Von 1580 bis 1821 war der *cabildo*
(Gemeinderat) die höchste Autorität
der Stadt, und unbestreitbar war das
Cabildo, wie das Rathaus genannt
wurde, **Regierungssitz unter der spanischen Krone** – vom alten Gebäude
ist aber kein Stein mehr übrig.

Das erste bescheidene Rathaus
wurde 1610 errichtet. 1725 baute
man an seiner Stelle ein neues, zwei-
stöckiges Gebäude mit einem Mittelturm und fünf Arkaden an jeder Seite, 1765 war das Cabildo fertig. 1889
wurde der zwischenzeitlich aufge-
stockte Mittelturm mitsamt den drei
nördlichen Arkadenbögen abgerissen, um der Avenida de Mayo Platz zu
machen. So asymmetrisch und ohne
Turm gab es Überlegungen, das ver-
stümmelte Rathaus vollständig zu be-
seitigen, doch niemand konnte sich
dazu durchringen. Stattdessen wurden 1931 auch die drei südlichsten
Arkadenbögen eingerissen, um für
die Diagonalstraße Julio A. Roca Platz
zu schaffen – was das Gebäude wieder symmetrisch machte. 1940 wurde das Ganze nach alten Bauplänen
umgebaut, kolonial aufgehübscht
und es wurde ein neues Türmchen in
altem Stil draufgesetzt.

Schulklasse um Schulklasse wird
heute durch dieses „kulturelle Erbe
der Stadt" geführt. Im **Museo Histórico Nacional del Cabildo de Buenos
Aires y de la Revolución de Mayo**,
wie das schlichte Museum pathe-
tisch heißt, wird ihnen mittels alter
Ölschinken die Geschichte ihrer Vor-
väter gezeigt. Zur 200-Jahresfeier im
Jahr 2010 ist das Museum durch in-
teraktive Spielereien ergänzt worden,
aber insgeheim sind sämtliche Besucher froh, wenn sie nach draußen in
den Patio des Cabildo kommen und
unter den Sonnenschirmen des Cafés eine Kleinigkeit essen und trinken können.

❯ Bolívar 65 (zwischen Avenida de Mayo
und Hipólito Yrigoyen), Zentrum, Tel.
43341782, Mi.–Fr. 10.30–17 Uhr, Sa./
So. bis 18 Uhr, Eintritt: 4 Pesos, Fr. gratis, Führungen: Mi.–Fr. 15.30 Uhr, Sa./
So. 12.30, 14, 15.30 Uhr, Subte A:
Perú, Subte E: Bolívar, Subte D: Catedral

◹ *Das alte Cabildo besaß
ursprünglich sechs Arkaden mehr*

❺ Manzana de las Luces ⭐ [E6]

Geheimnisumwittert und geschichtsträchtig sei der Straßenblock, betonen kulturbeflissene Porteños, denn in der Manzana de las Luces, dem „Häuserblock der Lichter", finden sich die ältesten erhaltenen Überreste des kolonialen Buenos Aires.

Ab 1661 residierten hier die **Jesuiten**, die im Zeitalter der Eroberung Argentiniens die Rolle der Intellektuellen übernommen hatten. Ihre Schule, das Colegio San Ignacio, war rund hundert Jahre Mittelpunkt des kulturellen Lebens der Stadt – bis die Jesuiten 1767 des Landes verwiesen wurden.

Neben der Jesuitenschule, der Kirche **San Ignacio** ❻ und einem Heilkräuterladen befanden sich auf den 12.000 m² zwischen den Straßen Alsina, Moreno, Bolívar und Perú auch die Lagerräume des Klosters für die Waren aus den Missionen. In einem Teil des Backsteingewölbes ist heute der **Mercado de las Luces** (s. S. 17) untergebracht, in dem geputztes Silber, Porzellan und bunte Ponchos verkauft werden. Und dort, wo früher die Schüler des Jesuitenkollegs paukten, wird heute im monumentalen Gebäude der Eliteschule **Colegio Nacional** von 1918 (CNBA, Bolívar 263) die Führungsriege Argentiniens ausgebildet.

Mysteriös bleiben die beiden untereinanderliegenden **Tunnelnetze**. Angelegt zwischen dem 17. und 18. Jahrhundert, verbanden sie Kirche, öffentliche Gebäude und das Fort. Die meisten Tunnel wurden beim Bau der Subte zerstört und zugeschüttet und ihr Geheimnis wurde nie gelüftet: Handelte es sich um Fluchtwege der Jesuiten? Wurden Waren darin geschmuggelt oder heimlich Soldaten verlegt? Eine Führung durch den Lichter-Block bietet Einblick in sorgsam restaurierte, kleine Tunnelabschnitte.

Wer mehr von der kolonialen Stadt und ihren unterirdischen Gängen sehen will, sollte sich zum Zanjón (Defensa 755, www.elzanjon.com.ar) aufmachen. Sonntags etwa kann man von 13 bis 18 Uhr alle halbe Stunde für 55 bis 75 Pesos einen Ausflug in die Vergangenheit von Buenos Aires unternehmen.

❯ Perú 272, Zentrum, Tel. 43433260, www.manzanadelasluces.gov.ar, Führungen: Mo.–Fr. 15 Uhr, Sa./So. 15, 16.30, 18 Uhr, 20 Pesos, Subte A: Perú, Subte D: Catedral, Subte E: Bolívar

❻ Iglesia San Ignacio ⭐ [E5]

San Ignacio ist die **älteste erhaltene Kirche in Buenos Aires**. Sie wurde 1734 geweiht und ist damit für Buenos Aires unvorstellbar alt. Vorbild war die barocke Jesuskirche in Rom, die Mutterkirche des von Ignatius von Loyola gegründeten **Jesuitenordens**. In Inneren von San Ignacio findet sich gar ein Stein mit der Jahreszahl 1675, der von Argentiniern ehrfürchtig bestaunt wird. Es ist das letzte Überbleibsel der Kirche, die zuvor hier stand. Ab 1686 war deren Front neu errichtet worden, ab 1712 wurde der Rest völlig neu gebaut.

Wie viele andere Kirchen auch wurde das dreischiffige Gotteshaus am 16. Juni 1955 von Peronisten in Brand gesteckt, als sich Teile der Armee gegen Perón erhoben. Bilder und die Kirchenarchive verbrannten damals, der vergoldete barocke Holzaltar von 1767 überstand die Feuersbrunst.

Lange Zeit lag die Iglesia San Ignacio in einem verstaubten Dornröschenschlaf. Jetzt ist sie frisch getüncht und auf Hochglanz poliert.

› Bolívar 225 (Ecke Alsina), Zentrum, Tel. 43312458, www.sanignaciodeloyola. org.ar, musikalisch begleitete Messen: Sa. 18 Uhr (mit Kinderchor und -orchester), So. 12 u. 19 Uhr (Orgel und Chor), Subte A: Perú, Subte D: Catedral, Subte E: Bolívar

7 San Telmo ★★★ [E7]

San Telmo wird jedem Touristen wärmstens ans Herz gelegt. Nicht ohne Grund: Es ist das älteste Viertel von Buenos Aires und das ursprünglichste, auch wenn die meisten Kolonialhäuser zerstört worden sind, viele durch die Straßenerweiterungen von 1978. Ab 1979 stellte die Stadt Teile des Viertels unter Denkmalschutz.

Heute ziehen sich Kopfsteinpflastergässchen mit alten, niedrigen Häusern durch das malerische Viertel, Fassaden mit abbröckelndem Putz stehen neben neugetünchten Wänden, moderne Restaurants finden sich neben uralten Eckcafés. Dazu gibt es in der Nähe der **Plaza Dorrego** ⓫ – noch – jede Menge **Antiquitätenläden.** Seit ein paar Jahren werden die alteingesessenen Antiquitätenbasare allerdings von hippen **Designklamottenläden** verdrängt. So oder so: In San Telmo gibt es viel zu stöbern und zu entdecken.

Lange Zeit war San Telmo ein armes Flusshafengebiet, dessen Wasser bis an den Paseo Colón heranreichte. Erst im 18. Jahrhundert wurden die Bewohner wohlhabender: Zu den Fischern gesellten sich Kaufleute und reiche Grundbesitzer mit ihren schwarzen Sklaven. Die Schwarzen blieben dem Viertel auch verbunden, als sie 1813 freigesetzt wurden. Als 1870/71 die **Gelbfieberepidemie** ausbrach, wandelte sich das Viertel völlig. Die Reichen flüchteten angst-

Schwarze Sklaven

Bis zu Beginn des 19. Jahrhunderts war Buenos Aires ein **Zentrum des Sklavenhandels.** Über 20 Prozent der Bevölkerung waren damals schwarz, die meisten von ihnen mussten als Hausssklaven arbeiten. 1813 wurden sie per Dekret befreit. San Telmo war damals ihr Viertel, hier hatten sie ein soziales Zentrum.

Heute ist ein schwarzer Porteño nahezu unvorstellbar. Trifft man in Buenos Aires auf einen Farbigen, so handelt es sich meist um einen Brasilianer, der hier als Kellner arbeitet, oder einen New Yorker, der Tango tanzt. Der Grund: Die arme, farbige Bevölkerung wurde in den **Befreiungskriegen** und im **Bürgerkrieg** an die Front geschickt. Die letzten Schwarzen hat das **Gelbfieber** 1870/1871 dahingerafft.

voll ins Barrio Norte und zurück blieben die Armen: Einwanderer und Schwarze. 15.000 Menschen starben am Gelbfieber, zwei Drittel davon waren Immigranten. Die Schiffe aus Europa brachten aber ohne Unterlass Nachschub an Menschen, die das Viertel wiederbelebten. Die geflüchteten Reichen konnten auch daraus Profit schlagen: Sie verwandelten ihre verlassenen Häuser in *conventillos,* Gemeinschaftswohnhäuser, in denen sie Zimmer für Zimmer zu Höchstpreisen an die Immigranten vermieteten.

› Subte C: Moreno und Independencia, Subte E: Belgrano, Colectivos 10, 24, 29

8 Calle Defensa ★★ [E7]

Die kopfsteingepflasterte Defensa ist die historische Achse von San Telmo. 1807 marschierten hier die britischen Truppen während der zweiten

Die Werkstatt des Malers

In der hellen Werkstatt riecht es nach Farbe. Bunte Schilder in allen Größen stehen auf Staffeleien und lehnen an der Wand. Naive Blumen und Ranken schlängeln sich um breite Buchstaben. **Miguel Angel** (s. S. 20) malt **filetes**. Das ist eine spezielle Art der ornamentalen Malerei aus Buenos Aires, mit der um 1900 die Karren der Gemüsehändler und der Milchverkäufer verziert wurden. Das **fileteado porteño** wurde – wie der Tango – zum künstlerischen Ausdruck für Buenos Aires. Heute wird es wieder zu Werbezwecken eingesetzt: Ob an den Fenstern der Restaurants oder als Verzierung in Cafés, die Filete-Malerei ist aus Buenos Aires nicht wegzudenken. Miguel Angel gießt einen Mate auf, plaudert über die gesundheitlichen Vorteile des Getränks, während er den Pinsel in die Farbe taucht, kommt auf lateinamerikanische Geschichte zu sprechen, von dort aufs Theater und seine Premiere nächste Woche: Denn Miguel Angel arbeitet nicht nur als Maler, er ist auch Schauspieler – und ein Künstler in allen Lebenslagen.

Invasion ein. Die Engländer wurden mit Handgranaten und Nachttöpfen, Musketen und allerlei Brennbarem vertrieben. Daher hat die Straße ihren Namen: Calle Defensa – Straße der Verteidigung.

Wer die 1,8 km lange Defensa von der Plaza de Mayo in Richtung Lezama-Park im Süden schlendert, durchwandert das Herz von Montserrat und San Telmo, die beiden ältesten Stadtteile von Buenos Aires, und kommt an einigen geschichtsträchtigen Orten vorbei. Den Auftakt macht die **Farmacia de la Estrella** (Nr. 201), die 1834 gegründet wurde. Sie war die erste Apotheke in Buenos Aires und befindet sich seit 1885 im Haus an der Ecke der Defensa mit der Straße Alsina. Ihre alte Holztheke und die opulent gedrechselten Nussbaumschränke versetzen den Besucher in eine andere Zeit.

Wesentlich unscheinbarer ist das **Geburtshaus Bernardino Rivadavias** (Nr. 350/360), der 1826/1827 Argentinien führte und häufig als erster Präsident bezeichnet wird. Das Gebäude aus dem 18. Jahrhundert trägt trotz mannigfaltiger Veränderungen möglicherweise den einen oder anderen kolonialen Stein in sich. Heute ist eine Autogarage darin untergebracht. Nicht ganz so schlicht sieht das Haus des vorletzten Vizekönigs des La-Plata-Reiches aus: **La Casa de Liniers** befindet sich einen Block weiter in der Querstraße Venezuela (Nr. 469). Hier mussten die Engländer 1806 ihre Kapitulation unterschreiben. Vom ursprünglichen, 1788 erbauten Haus ist allerdings nicht mehr viel übrig, relativ unverändert ist es erst seit 1874.

Nach der Querstraße México putzt sich die Defensa hübsch heraus. Die üppige Villa auf Höhe der Hausnummer 628 ist die ehemalige **Casa de la Moneda**. Hier wurde ab 1881 Geld gestanzt. Hinter den Eingängen Defensa 849 und 834 laden Antiquitätenstände zum Stöbern ein. Auf der Höhe der Hausnummer 963 befindet sich ein Tor zur schönen, alten Markthalle **Mercado de San Telmo** ❿. Ein paar Meter weiter liegt die mit Cafés umsäumte **Plaza Dorrego** ⓫. Der Eingang zur **Pasaje de la Defensa**, einem stillen, malerischen Patio, befindet sich auf der Höhe Defensa 1179. Das Gebäude aus dem Jahr 1876 war das Wohnhaus der Familie Ezeiza, wurde aber 1930 in ein Gemeinschaftswohnhaus, ein *conventil-*

lo, umgewandelt. Seit 1981 werden in den herrlichen Innenhöfen Antikes und Trödel, aber auch Mode und Kunsthandwerkliches verkauft (Mo. geschl.). Vier Häuserblocks weiter gelangt man zum **Parque Lezama** ⑫ und kann dort unter alten Bäumen vom langen Spaziergang ausruhen.

❭ Subte A: Plaza de Mayo, Subte E: Bolívar, Subte D: Catedral, Colectivo 29

⑨ Casa Mínima ⭐ **[E7]**

Mit nur 2,2 Metern Breite ist die Casa Mínima **das kleinste Haus der Stadt**. In die Minifassade passen gerade einmal eine Tür und darüber ein Fenster mit Balkönchen. Angeblich soll dies schmale Stückchen Land samt Häuschen aus dem Jahr 1800 einem freigelassenen Sklaven geschenkt worden sein. Tatsache ist:

Karneval Porteño

Murga („*Radau*"), so nennen sich die Karnevalstruppen in Buenos Aires. In den Nächten der Februarwochenenden hauen über 100 Murgas in bunten Fantasiekostümen auf die **Pauke** – im wahrsten Sinn des Wortes: Das Instrument ist das Herz des Karnevals in Buenos Aires.

Den ersten Umzug sollen 1869 mit viel Tamtam die schwarze Bevölkerung und mit Ruß eingefärbte Weiße gefeiert haben. In den 1940er-Jahren erlebte der Karneval seine **Glanzzeit**

mit ausufernden Festen. Da die Karnevalsgesänge politisch und höchst kritisch waren, wurden Murgas während der Diktatur eingeschränkt und die Feiertage abgeschafft. 1997 erklärte die Stadt den Karneval zum Kulturgut und November 2010 führte Cristina Kirchner die vier verrückten freien Tage wieder ein. Nicht zuletzt, weil sich der Karneval in den letzten Jahren zu einer beliebten **Touristenattraktion** gemausert hat.

❭ *www.agrupacionmurgas.com.ar*

075ba Abb.: mc

Das koloniale Buenos Aires

Vorsicht, Diebe!
Wer auf seinen Spaziergängen durch Buenos Aires viel bei sich trägt, kann auch viel los werden: Kameras und iPods, Geld, Kreditkarten und Ausweise – selbst in geschlossenen Taschen sicher verwahrt – sind vor Trickdieb-Banden nicht geschützt. Meist arbeiten mehrere Betrüger zusammen und nutzen das Gedränge auf Bahnsteigen der Subte, im Bus oder auf einem Markt aus, um Opfer auszuspähen und sie um Wertvolles zu erleichtern. Der beste Schutz: **Nur das Notwendigste mitnehmen.**

Man läuft bestimmt dreimal am Haus vorbei, ohne es wahrzunehmen. Einen weiteren Erkenntnisgewinn sollte man von einem Besuch nicht erwarten. Das macht aber nichts, denn die Kopfsteinpflastergässchen rund herum eignen sich wundervoll zum Schlendern.

› San Telmo, San Lorenzo 380 Ecke Defensa, Subte C: Independencia. Eine halbstündige Führung durch das Haus bietet El Zanjón freitags um 16 Uhr für 75 Pesos an (www.elzanjon.com.ar).

🔟 Mercado de San Telmo ★★ [E7]

Der Mercado de San Telmo ist einer der letzten alten Märkte, die die Invasion der Supermärkte überlebt haben – und einer der schönsten Orte in Buenos Aires. Durch einen hohen Torbogen gelangt der neugierige Besucher in die **Markthalle von 1897** und lässt die Hektik der Stadt hinter sich. Im kühlen Schatten breiten die Händler an ihren Ständen Früchte und Gemüse aus, hinter den Theken liegen alle Sorten Fleisch. Aber auch Lädchen mit Klamotten und Geschirr, Pelzen und Ledertaschen finden sich hier. Im Zentrum des Gebäudes von

Juan Buschiazzo treffen die Zugänge von allen vier Straßenseiten aufeinander. Darüber schwebt die alte Glaskuppel, heute mit Wellblech abgedeckt, die von verzierten Eisenträgern malerisch umrahmt wird.

Quino, der Comiczeichner und Erfinder der Mafalda (s. S. 120), soll übrigens im Mercado de San Telmo die Anregungen für die Figuren des Händlers Don Manolo und seines Sohnes Manolito gefunden haben.

› Eingänge: Defensa 963, Carlos Calvo 475, Bolívar 954, 970, 998, Estados Unidos 460, 490, Mo.–Sa. 7–14 und 16.30–21 Uhr, So. 7–14 Uhr

⓫ Plaza Dorrego ★★★ [E7]

Siphons aus blauem und grünem Glas funkeln in der Sonne, daneben liegen Spitzendecken, altes Silberbesteck und Kristall, Schellackplatten und Fotos von Gardel. Die Plaza Dorrego verwandelt sich seit 1970 jeden Sonntag zwischen 10 und 18 Uhr in einen Antiquitätenmarkt, die Feria de San Telmo (s. S. 21).

Damals war dies der erste **Antiquitätenmarkt** in Buenos Aires. 30 Händler hatten hier ihren Stand. San Telmo war zu jener Zeit nicht nur völlig heruntergekommen, sondern auch vom Abriss bedroht. Dass der Plan nicht umgesetzt wurde, lag allein am konstanten Geldmangel der Regierung. Vielleicht hat aber auch der kleine Markt im Laufe der Zeit zu einem Umdenken geführt. Schließlich wurde er gegründet, um Altes zu bewahren. Die *feria* war der Auslöser dafür, dass sich im Viertel so viele **Antiquitätenläden** ansiedelten. Besonders viele findet man in der Querstraße vor der Plaza Dorrego (Carlos Calvo 400).

Die Plaza Dorrego ist der zweitälteste Platz von Buenos Aires. In früher Zeit fungierte er als Parkplatz für Ochsenkarren und war umgeben von *pulperías*, **Kolonialwarenläden**, in denen man „einen heben" und gleichzeitig das Notwendigste kaufen konnte. Heute ist der Platz umgeben von **Cafés** und **Restaurants**, in denen meist Touristen verkehren. Wer es alltäglicher mag: Nur eine Ecke weiter kann man in der unaufgeregten Atmosphäre des **Café Clásico** (501 Humberto 1°/Ecke Bolívar) seinen Milchkaffee deutlich günstiger trinken.

Sonntags drängeln Porteños und Touristen einvernehmlich durch die schmalen Gassen. 10.000 sollen wöchentlich an den 270 Marktständen vorbeischlendern, die ausschließlich Waren aus den Jahren vor 1970 verkaufen dürfen. Dazwischen posiert ein lebendes Gardel-Standbild, eine Ecke weiter spielt ein zehnköpfiges Tango-Orchester, dessen vier Bandeonisten ihr Instrument mit Verve auseinanderziehen. Die **Feria de San Telmo** bietet ein unterhaltsames Spektakel, das sich über die ganze Länge der Calle Defensa und die angrenzenden Nebenstraßen ausbreitet. Und ab 19 Uhr,

wenn die Trödelhändler ihre Waren zusammengepackt haben, tritt „El Indio" Pedro Benavente auf: Für ein paar Stunden verwandelt er ein Eckchen der Plaza Dorrego in eine **Open-Air-Milonga**. Tangoklänge schweben in der Abendluft und unter den bunten Lampions tanzen Alt und Jung.

› Defensa (Ecke Humberto 1°), San Telmo, Subte C: San Juan, Colectivos 22, 24, 28, 29, 56, 61, 64, 86, 91, 105, 111, 126

⑫ **Parque Lezama** ★★ **[E8]**

Der Lezama-Park liegt vom Paseo Colón aus gesehen auf einer kleinen Anhöhe. Er wirkt wie so vieles in Buenos Aires ein wenig verwahrlost – besonders am Wochenende, wenn die Wege von Ständen gesäumt sind, die allerlei Ramsch anbieten. Doch wochentags lässt es sich im Schatten seiner alten **Jacaranda-Bäume** angenehm spazieren oder auf einer Parkbank träumen und warten, dass die Zeit vergeht. So wie der 17-jährige Martín im 1961 erschienenen Roman „Über Helden und Gräber" von Ernes-

Café für Nachtschwärmer
Das Británico (s. S. 29) ist Zufluchtsort für Nachbarschaft und Nachtschwärmer. Tag für Tag, Nacht für Nacht – 24 Stunden lang. Immer noch, auch wenn die drei alten Gallegos, die Pächter, die die **Cafébar** 50 Jahre lang geführt haben, 2006 gehen mussten, weil ihr Vertrag nicht verlängert wurde. Die Nachbarn protestierten, es half nichts. Die Räume wurden renoviert – sagt man. Doch alles sieht noch aus wie früher: Die Ventilatoren rotieren müde gegen die Hitze an und durch die hochgeschobenen Fenster schwatzen die Nachbarn von der Straße aus mit denen, die drinnen an den alten Holztischen sitzen. Von Zeit zu Zeit streift

031ba Abb.: mc

ein Kind mit schmutzigem Gesicht durch das Lokal und erbettelt ein paar Pesos. Die drei alten Pächter aber werden immer noch von allen vermisst.

to Sabato: Der Icherzähler lernt seine Angebetete in eben diesem Park kennen.

Ein vom Autor gut gewählter Ort für eine Bekanntschaft, die tödlich endet. Denn hier, so behaupten einige Historiker, soll am 3. Februar 1536 der spanische Eroberer **Pedro de Mendoza** mit 2000 Soldaten an Land gegangen und auf Querandí-Indianer getroffen sein. Nach knapp einem Jahr war sein Fort eingenommen, der Großteil der Männer tot und Mendoza musste sich zurückziehen. 400 Jahre später wurde dieser kriegerischen Beziehung am Parkeingang an der Straße Defensa ein Denkmal gesetzt: Die **Bronzestatue Mendozas** steht vor einem Steinblock, in den das Flachrelief eines Indios mit erhobenen Armen eingemeißelt ist.

Die Geschichte des Parks indes beginnt 1857, als der Großgrundbesitzer **José Gregorio Lezama** von einem Engländer eine Villa mit einem Stück Land drumherum erstand und sich einen Park anlegen ließ. 1894 verkaufte seine Witwe das Grundstück an die Stadt, unter der Bedingung, daraus eine öffentliche Anlage zu Ehren ihres Mannes zu machen. Die Aufgabe übernahm der Landschaftsarchitekt Carlos Thays. In der Familienvilla wurde 1897 das **Museo Histórico Nacional** (s. S. 40) eingerichtet, das Ausstellungsstücke zur argentinischen Geschichte bis 1950 zeigt.

❯ Zwischen Defensa (Ecke Brasil) und Paseo Colón (Ecke Avenida Martín García), Colectivos 10, 17, 22, 24, 29, 39, 53, 62, 64, 86, 143, 152, 186

▷ *Die Prachtallee Avenida de Mayo hat einen ganz eigenen Zauber*

Im Herzen der Stadt

⓭ Avenida de Mayo ★ ★ ★ [D5]

Im Schatten ihrer Platanen lässt es sich vorzüglich schlendern: Auf der Avenida de Mayo erscheint Buenos Aires nicht so hektisch und lärmend wie gewohnt. Die Großzügigkeit des Boulevards, die Kuppeldächer und schmiedeeisernen Gitter, die Cafés und Restaurants verbreiten Pariser Flanier-Flair. Die Prachtstraße wartet außerdem mit bemerkenswerten Palästen aus der Wende zum 20. Jahrhundert auf.

Am 8. Juli 1894 um Punkt Mitternacht wurde die Avenida de Mayo mit einer Prozession aus 500 Fackelträgern eingeweiht. Zehn Jahre hatte der Bau der Allee gedauert. Sie war die **visionäre Idee** in einem Buenos Aires, das zu jener Zeit nur knapp eine halbe Million Einwohner beherbergte, dessen Straßen eng waren und dessen Gebäude höchstens drei Stockwerke besaßen. Nur 12 Jahre später wurde der prächtige Boulevard auch zur Achse der Macht: Die Avenida de Mayo stellte die Verbindung zwischen dem Regierungssitz **Casa Rosada** ❷ und dem 1906 eingeweihten pompösen **Palacio del Congreso Nacional** ⓱ her, der Repräsentantenhaus und Senat beherbergt. Mit ihren eleganten Trottoirs wurde sie zum Ausdruck für Glanz und Gloria einer immer reicher werdenden Stadt.

Heute muss der Flaneur mit großzügigen Schlenkern den teils immensen Löchern in den Gehwegplatten ausweichen und kann nicht verhindern, dass ihm das Kondenswasser der Klimaanlagen, die dicht an dicht an den Fassaden kleben, in den Nacken tropft. Doch die verblasste Eleganz der hochherrschaftlichen Gebäude und die lässige Lebendigkeit der Cafés und Restaurants machen die Avenida de Mayo zu **einem der schönsten Boulevards der Stadt.**

Um von der Plaza de Mayo zur Plaza del Congreso zu gehen, braucht man eine gute halbe Stunde, aber man sollte mehr Zeit einplanen, denn nirgendwo sonst in der Stadt kommt der Spaziergänger auf so kurzer Strecke an so vielen **herrlichen Bauten** vorbei: Angefangen mit dem beeindruckenden Gebäude der **La Prensa** von 1896 (Nr. 575) gelangt man nur zwei Straßenecken weiter zum Art-Nouveau-Gebäude **Palacio Vera** (Nr. 767–777), das 1910 entworfen wurde. Schräg gegenüber steht das **Edificio Drable** (Nr. 702–752), welches der deutsche Adolfo Büttner 1893 konzipierte. Das **Café Tortoni** ⓮ (Nr. 825/829) befindet sich schon seit 1880 hier, 14 Jahre bevor die Avenida de Mayo eingeweiht wurde. Überquert man die breiteste Straße der Welt, die **Avenida 9 de Julio** ㉑, trifft man linker Hand auf das 1928 in spanischer Tradition gebaute, ganz in Marmor ausgekleidete **Castelar Hotel** (Nr. 1152, s. S. 126). Zwei Straßenecken weiter folgt eines der interessantesten Bauwerke von Buenos Aires, der 1923 fertiggestellte **Palacio Barolo** ⓯ (Nr. 1370), der Dantes „Göttliche Komödie" versinnbildlicht. Das monumentale Gebäude **La Inmobiliaria** (Nr. 1410–1460) aus dem Jahr 1910 beschließt die zehn Straßenecken lange, vom Hauch vergangener und besserer Zeiten umwehte Avenida de Mayo.

❯ Die Subte A fährt von den Stationen Perú bis Saenz Peña unter der Avenida de Mayo entlang.

Das Kulturhaus

Das wuchtige Gebäude der **La Prensa** aus dem Jahr 1896 erinnert an Frankreich. Kein Wunder: Das Gebäude wurde in Paris geplant und seine Fassade im Stil Garniers erbaut. Marmor, Mosaikfußboden und dunkles Holz herrschen in der opulenten Eingangshalle des Verlagsgebäudes vor, das die 1869 gegründete und einstmals wichtigste Tageszeitung von Buenos Aires beherbergte.

Jetzt hat in der **Casa de la Cultura** die Kulturverwaltung der Stadtregierung ihren Sitz. Deren Gratiszeitung **Agenda Cultural** mit vielen Kulturterminen liegt im Erdgeschoss aus. In der **Tienda Cultural** (Mo.–Fr. 9–16 Uhr, Sa. 12–20 Uhr) können Interessierte Sonderdrucke der Stadt von der Postkarte bis zum historischen Bildband über Buenos Aires kaufen. Führungen auf Englisch und Spanisch erzählen von der Geschichte des Hauses und zeigen den angrenzenden **Palacio de Gobierno,** den Regierungspalast der Stadt.

●**98** [E5] **La Prensa,** Avenida de Mayo 575 (Ecke Perú), Subte A: Perú, Tel. 43239489, www.buenosaires.gov.ar/areas/cultura/casa_cultura, Führungen Sa. 16 und 17 Uhr, So. stündlich von 11–16 Uhr

03⅓ba Abb.: mc

⌂ *Im Tortoni bedienten die Kellner einst die Schöngeister der Stadt*

Subte A: Politik unterirdisch

Am 1. Dezember 1913 wurde die „Subterraneo A" eingeweiht. Sie war die erste Untergrundbahn Südamerikas. Einhundert Jahre lang ratterten die alten Waggons mit Holzbänken und Tütenlampen unter der Avenida de Mayo entlang. Am 11. Januar 2013 zog Mauricio Macri, Bürgermeister von Buenos Aires, die historischen Wagen aus dem Verkehr und ersetzte sie durch Sardinenbüchsen mit dem chinesischen Stempel Changchun Railway, deren blütenweiße Plastikwände schon jetzt leicht mitgenommen wirken und deren vielgepriesene Klimaanlage immer häufiger Aussetzer hat. Die geliebten alten Waggons, in denen schon die Urgroßeltern unter der Avenida de Mayo entlangrumpelten, verrosten indes langsam auf einem Abstellgleis und für die alternativen Pläne ihrer Restauration ist es nun zu spät. Ein schöner Stoff für lange politische Debatten an den Kaffeehaustischen – denn selbst unterirdisch wird hohe Politik gemacht. Oder war es umgekehrt?

⑭ Café Tortoni ★★ [D5]

Wuchtige Säulen, dunkles Holz und geschwungene Spiegel, weinrote Holzfauteuils an Marmortischchen, Tiffanylampen und ein bleiverglastes Deckenfenster – das Tortoni ist ein traditionelles Café, wie sie vor hundert Jahren ausgesehen haben.

Die Spezialität des Hauses heißt „Submarino": heiße Milch, in der ein Riegel Zartbitterschokolade schmilzt. Das bringt der zum Interieur passend gekleidete *mozo*, der Kellner. Doch der lehnt erst einmal am Tresen und lächelt in eine Kamera, dann balanciert er sein Tablett und lächelt in die nächste Kamera. Das legendäre Café Tortoni, in den 1930er-Jahren Treffpunkt der Intellektuellen, ist heute Treffpunkt der Touristen und ihrer Fotoapparate.

Seinen Anfang nahm alles 1858, als **Monsieur Touan** entschied, ein Café zu eröffnen. Das Vorbild fand er in seiner Heimat Paris in einem gediegenen Etablissement am Boulevard des Italiens, wo sich die Pariser Kulturelite des 19. Jahrhunderts traf. Monsieur Touan nannte sein Café wie sein französisches Ideal: **Tortoni**.

Durch puren Zufall sollte sein Wunsch, ein angesagtes **Künstlercafé** zu etablieren, tatsächlich wahr werden. Der Auslöser: 1880 zog er mit seinem Café auf die andere Straßenseite. Ein paar Jahre später begann man, an der Rückwand seines Cafés einen Boulevard zu bauen, der die erste Prachtstraße der Stadt werden sollte. 1894 wurde die Avenida de Mayo eingeweiht. Die opulente Straße zog gut gestelltes Publikum an. Im Tortoni dachte man kurz nach, verlegte den Haupteingang an die Avenida de Mayo und baute eine neue Fassade.

Das Tortoni wurde zum Inbegriff des traditionellen Intellektuellenca-

KLEINE PAUSE

Tortonis lichte Schwester

Wenn die Warteschlange vorm Tortoni ⑭ zu lang ist, gibt es etwa 10 U-Bahn-Minuten entfernt eine wundervolle Alternative. Ebenso traditionell, ebenso alt und manche meinen: Viel schöner! Das lichte **Café Las Violetas** (s. S. 30), gegründet im Jahr 1884, ist das Gegenstück zum dunklen Tortoni: Durch hohe Bogenfenster flutet Tageslicht in einen Saal aus warmen gold-beigen Tönen. Auch hier kann man bleiverglaste bunte Fenster, dicke Säulen und elegante Kellner bewundern. Dazu bekommt man leckeren Kaffee und eine angenehm untouristische Alltagsatmosphäre. Das Violetas ist Treffpunkt für gutbürgerliches Publikum: Man plaudert, liest Zeitung oder arbeitet. Die Subte A verbindet die historischen Cafés blitzgeschwind (Station Piedras Richtung San Pedrito bis Castro Barros).

fés. Zwischen 1926 und 1943 trafen sich in der *Peña del Tortoni* einige der berühmtesten Schöngeister von Buenos Aires: Der Maler **Benito Quinquela Martín**, der Schriftsteller **Jorge Luis Borges**, die Dichterin **Alfonsina Storni**, der Sänger **Carlos Gardel** und viele andere Größen der Zeit waren Stammgäste.

Heute kann der Besucher sich bei einem „Submarino" in längst vergangene Zeiten träumen. Wenn er in das von jedem Reiseführer empfohlene Tortoni hineingelangt: denn sind alle Plätze besetzt, wird die Warteschlange draußen lang und länger.

❯ Avenida de Mayo 825 (Ecke Piedras), tägl. ab 8 Uhr, Tel. 43424328, www.cafetortoni.com.ar, Subte A: Piedras, Subte C: Avenida de Mayo

⑮ Palacio Barolo ★ ★ ★   [C5]

Das Paradies liegt an der Avenida de Mayo 1370. Dort schraubt sich der Palacio Barolo in den Himmel, eine in Stahlbeton gegossene Allegorie von Dantes „Göttlicher Komödie". Wie das Werk des italienischen Dichters ist auch das Bürohochhaus dreigeteilt in Hölle, Fegefeuer und Paradies. Der Bauherr musste 1921 für sein Vorhaben eine Ausnahmegenehmigung einholen: Mit 100 Metern sollte der Wolkenkratzer viermal höher werden, als es zu jener Zeit erlaubt war.

Luis Barolo war 1890 aus Italien eingewandert und hatte in Buenos Aires durch Baumwollverarbeitung Geld und Macht erworben. Er war ein glühender Verehrer **Dante Alighieris** und verfolgte – so erzählt man – nur ein Ziel: Er wollte die Asche des italienischen Dichters vor einem drohenden Krieg und dem Untergang Europas in die Neue Welt retten. Das angemessene Gebäude dafür: ein Hochhaus im Stil einer neogotischen Kathedrale, die Dantes Reise durch die jenseitige Welt versinnbildlichen sollte. Den geeigneten Architekten für sein Vorhaben lernte Barolo 1910 kennen: **Mario Palanti**, ebenso von Dante besessen wie Barolo selbst.

Der Bau begann 1919, vier Jahre später war das Gebäude fertig und voller **Referenzen auf Dantes „Göttliche Komödie"**: Die insgesamt 22 Stockwerke sollen an das Versmaß seiner Strophen erinnern und die 100 Meter Höhe verweisen auf die 100 Gesänge des Werkes. Während Keller und Erdgeschoss sich auf die **Hölle** beziehen, liegt das **Fegefeuer** zwischen dem 1. und 14. Stockwerk – wer genau hinschaut, entdeckt besonders im 4. Stock Schlangen, Bestien und florale Motive. Danach

Sicht auf Buenos Aires bietet und den Hauptgrund darstellt, Miqueas Tour durch den Palast zu buchen.

Mithilfe von 300.000 Glühlampen tauschte der Palacio Barolo mit seinem Zwillingsgebäude, dem Palacio Salvo in Montevideo, **Leuchtsignale** aus: etwa über so gravierende Ereignisse wie im Jahr 1923 den Stand der Boxweltmeisterschaft zwischen Luis Angel Firpo und Jack Dempsey in New York.

❯ Avenida de Mayo 1370 (Ecke San José), Mo.–Fr. 7–22 Uhr, Sa. 7–12 Uhr, Führungen: Tel. 43811885, www.palacio barolotours.com.ar, Tagesführungen: Mo. u. Do. 16, 17, 18 u. 19 Uhr, Sa. 17 Uhr, 135 Pesos. Nachtführungen: Mi., Fr./Sa. 20 Uhr, Do. 20.30 Uhr, 260 Pesos, nur mit Reservierung, Subte A: Saenz Peña

beginnt das **Paradies**, das sich über acht Etagen erstreckt, die für die acht Planetenhimmel stehen, die Dante durchkreuzt.

Doch das Erste, was am Bauwerk auffällt, sind die fehlenden Ecken: Alle Türen, alle Treppen und selbst die neun Fahrstühle sind abgerundet. „Der Kreis war für Dante die perfekte Form", sagt Miqueas Tháringen, der Touristen aus aller Welt durch das Gebäude führt. Übrigens ein schöner Nebenverdienst, den er dem Umstand verdankt, dass er das kleine Büro seines Urgroßvaters im Palast quasi geerbt hat. So wurde er zum Hüter der Schlüssel für die Kuppel. Wer sich dort die steilen Wendeltreppen hochhangelt, gelangt zum **Leuchtturm**, der eine einzigartige, im wahrsten Sinne des Wortes schwindelerregende

⌂ *Im Palacio Barolo beginnt das Paradies über dem 14. Stockwerk*

⑯ Plaza del Congreso ★ **[B5]**

Die Plaza del Congreso ist der Gegenpol zur Plaza de Mayo. Entworfen wurde der Platz zum 100. Jahrestag der Mairevolution. Colectivos und Taxis umrauschen ihn und doch wird er von den Metropolenbewohnern gerne genutzt: für eine Atempause im hektischen Stadttreiben und für die häufigen und hingebungsvollen Demonstrationen.

Die Rasenflächen sind mit einem Zaun von den Gehwegen abgesteckt. Trotzdem liegt mitten auf dem Grün ein Mann in der Sonne und döst. Ein paar Meter weiter haben *cartoneros* (s. S. 52) ihr Hab und Gut in Plastiksäcken abgestellt. Ein klappriges Karussell lässt seine Pferdchen kreisen.

Notwendig geworden war die Anlage des Platzes 1906 wegen des neuen opulenten Kongresspalastes, der durch seine Größe jeglichen Rahmen sprengte. Für den Plan des Landschaftsarchitekten **Carlos Thays**

Cine Argentino

Argentinien ist ein Filmland mit Tradition. 1896, nur einige Monate nachdem die Brüder Lumière ihren Cinématographen in Paris vorgestellt hatten, zeigte man im **Teatro Odeón** in Buenos Aires eigene Kurzfilme: Stadtansichten und den Dreiminüter „La bandera Argentina", in dem die Nationalflagge drei Minuten im Winde vor sich hin flattert. Der gilt – aus patriotischen Gründen – als erster argentinischer Film. Gedreht hat sie allesamt der deutsche Kameramann Federico Figner.

In den **1930er- und 1940er-Jahren** entwickelte sich Argentinien zu **einer der führenden Filmindustrien** welt-

weit: Über 40 Filme wurden durchschnittlich pro Jahr produziert. Im Ausland bekannt geworden ist der argentinische Film durch den mit dem **Oscar** ausgezeichneten Film „Die offizielle Geschichte" von Luis Puenzo (1985) und durch „Sur" von Fernando Solanas (1988). Beide Filme thematisieren die jüngste Militärdiktatur und auch der zweite mit dem Oscar prämierte argentinische Film, „El Secreto en sus Ojos" von Juan José Campanella (2010), spielt während der Diktatur. Er verbindet auf stille Weise einen Krimi mit einer Liebesgeschichte.

❯ Nationale Filmproduktionen zeigt das **Kino Gaumont** (s. S. 39).

(s. S. 103) riss die Stadt eine Menge Häuser, eine Getreidemühle, einen Zirkus und ein Marktgebäude ab und integrierte den kleinen Platz Lorea, in den die Avenida de Mayo mündete, in das Gesamtbild. Hier steht übrigens der **Kilometerstein 0**, der festhält, dass die Entfernung bis zum Städtchen Lapataia im unteren Extrem Argentiniens auf Feuerland 3390 km beträgt. Und von hier aus schaut eine von Rodins Statuen „Der Denker" versonnen auf die Avenida de Mayo.

Am anderen Ende, vor dem Kongresspalast, steht das riesige **Denkmal** zu Ehren der beiden Kongresse von 1813 und 1816, die schließlich zur Unabhängigkeit Argentiniens führten. 1908 in Belgien entworfen, wurde es 1914 in Buenos Aires eingeweiht. Die zentrale Bronzefigur mit Lorbeerzweig und Pflug verkörpert die Argentinische Republik. Der **Brunnen** davor und die **Muschel** an seinem Rand, die von vier wilden Pferden aus dem Meer

gezogen und von Sirenen flankiert wird, stellen den Río de la Plata dar. Hier plantschten früher im Sommer die Kinder. Seit 1999 ist das begehbare Monument von einem hohen Zaun umgeben, um etwaige Sprayer von ihren Unmutsäußerungen abzuhalten, die sie mit Vorliebe auf weißem Stein verewigen.

❯ Subte A: Congreso und Saenz Peña

⓱ Palacio del Congreso Nacional ★★★ **[B5]**

Der Reichstag in Berlin und das Kapitol in Washington haben Pate gestanden für den neoklassizistischen Kongresspalast, Sitz der Legislative. „Viel Architektur für wenig Demokratie", sagen kritische Stimmen. Sie weisen darauf hin, dass unter der Militärherrschaft der Kongress kurzerhand dichtgemacht wurde und finden, dass die Wahlmodalitäten verantwortlich sind für Korruption und Faulheit der Staatsdiener. 257 Ab-

035ba Abb.: mc

geordnete sitzen im Unterhaus. Das prestigeträchtigere und machtvollere Oberhaus beherbergt 72 Senatoren.

Aus jeder der 24 argentinischen Provinzen kommen drei **Senatoren.** Sie sind für sechs Jahre gewählt, die sie in lauschigen Ledersesseln verbringen. Der größere **Abgeordneten-saal** befindet sich in der hinteren Rotunde des Kongressgebäudes. Die Büros der Abgeordneten aber sind samt bürokratischem Anhang gegenüber dem Congreso im verspiegelten, zweckmäßigen Gebäude an der Avenida Rivadavia untergebracht. Die Sitzungsperiode dauert vom 1. März bis zum 30. November und die Eröffnung wird gerne von Kamerateams und Straßenprotesten begleitet.

Argentiniens erstes Kongressgebäude von 1864 befand sich bei der Casa Rosada, an der Ecke Balcarce und Yrigoyen. Doch schon 1882 war das Haus zu klein. Nachdem die Avenida de Mayo 1894 eingeweiht worden war, bildete sie die perfekte Achse zwischen dem Regierungsgebäude Casa Rosada und einem neuen Kongressgebäude, für das 1897 die Arbeiten begannen. Da der federführende italienische Architekt **Victor Meano** 1904 ermordet worden war, setzte der Belgier **Jules Dormal** die Arbeiten fort – wie übrigens auch beim Teatro Colón ❶⑨. 1906 wurde der Kongresspalast eingeweiht, abgeschlossen waren die Arbeiten allerdings erst 40 Jahre später. Zeitgenössische Journalisten nannten das Gebäude **Goldpalast**, weil die Kosten von ursprünglich 6 Millionen Pesos allein bis zum Jahr 1914 auf 32 Millionen angestiegen waren.

⌂ *Der Kongresspalast ist der Stolz der Porteños*

Zentraler Blickfang des Kongress-palastes ist die 80 Meter hohe **Kuppel**, die in manchen Nächten zauberhaft von innen leuchtet. Unter der acht Meter hohen **Bronze-Quadriga** des italienischen Bildhauers Victor de Pol befindet sich der Haupt- und Ehreneingang des Kongresspalastes. Die Senatoren betreten das Gebäude auf der linken Seite an der Straße Yrigoyen, die Abgeordneten haben ihren Eingang rechts an der Straße Rivadavia. Dort beginnt auch die **Führung** durch den Palast, bei der man den Sitzungssaal der Senatoren besichtigt und andere prächtige Räume wie den Salón Azul oder den Salón de los Pasos Perdidos, in dem 1952 der Leichnam von Evita aufgebahrt lag.

❯ Avenida Entre Ríos (zwischen Yrigoyen und Rivadavia), Tel. 41273572, www. congreso.gov.ar, Führungen ab Eingang Rivadavia 1864 vom 15. Februar bis 30. Dezember Mo./Di. u. Do./Fr. um 10, 12, 16 u. 18 Uhr, Subte A: Congreso

⓲ **Avenida Corrientes** ★★★ [C4]

Am Tag ist sie hektisch und unerbittlich, eine laute, gnadenlose Straße mit chaotischem Verkehr: Die Corrientes ist eine der Hauptschlagadern von Buenos Aires. Auf 8,5 Kilometern Länge strömen Taxen, Busse und Autos geschäftig vom Friedhof Chacarita ⓭ zum Hafenviertel Puerto Madero ㉑. Gefeiert aber wird die quirlige Avenida als der „kleine Broadway".

Schon Anfang des 20. Jahrhunderts war die Corrientes die **Kultur- und Amüsiermeile** der Stadt – es war der Beginn des „Goldenen Zeitalters". Damals war die Corrientes noch sehr schmal. Den alten Plan, die Straße zu verbreitern, konnte man erst 1931 unter der Diktatur von Uriburu

KLEINE PAUSEN

Das Mitternachtsbier

Bunt und freundlich leuchten die Fenster in die argentinische Nacht: Im **Bodegón Bellagamba** (s. S. 29), einer echten argentinischen Kneipe, treffen sich v. a. jüngere Porteños und flirten, lachen und schwatzen erfolgreich gegen die Musik an. Die Wände des rund 100 Jahre alten Lokals sind über und über mit Fotos aus den 1920er-Jahren bedeckt und auf den Nähmaschinentischchen stehen unter Tütenlampen Literflaschen mit Bier. Wer kein Bier mag, greift zu wildbunten Cocktailmixturen. Sollte der Koch um 2 Uhr nicht mehr da sein, hinterlässt er abgepackte Gerichte in einem Raum weiter hinten.

Eckcafé der Politiker

Während Carlos Gardel aus den Lautsprechern dudelt, speisen hier die Abgeordneten vom Kongresspalast ⓱ schräg gegenüber, trinken neben Aktenbergen einen Cafécito oder reden sich die Köpfe heiß. Seit 1930 ist das **Café Victoria** (s. S. 29) Treffpunkt von Politikern jeglicher Couleur. Kein Wunder, denn hier ist alles noch so wie es in einem traditionellen Eckcafé sein soll: altes Holzmobiliar und schwarz-weißer Fliesenboden, Tageszeitungen und entspannte Atmosphäre – und zudem ein fabelhafter Ort zum Beobachten. Tgl. 7.30–1 Uhr, Fr./Sa. bis 3 Uhr.

durchsetzen, denn dafür mussten die nördlichen Häuser abgerissen werden. 1936 waren die Arbeiten abgeschlossen und auch der Obelisk ⓴ aufgestellt – just zum 400-jährigen Jubiläum der ersten Stadtgründung. In diesen Jahrzehnten erwarb sich die Avenida Corrientes ihren Ruf als „Straße, die niemals schläft": Nachts um vier waren hier ebenso viele Leute unterwegs wie am helllichten Tag. Die mondänen Cafés und Cabarets waren voll von Menschen mit dem unbändigen Willen, sich zu vergnügen.

Auch wenn die glanzvollen Zeiten lange vorbei sind, auf dem „kleinen Broadway", den sieben Straßenblöcken zwischen Avenida Callao und Avenida 9 de Julio, ballen sich immer noch rund 25 Bühnen. Darunter sind einige der größten **Theater**: etwa das 1942 eröffnete Teatro Presidente Alvear (Nr. 1659), in dem regelmäßig das 33köpfige Tango-Orchester der Stadt kostenlos für die Bürger aufspielt, oder das städtische Theater San Martín (s. S. 38), das mit seinen drei Bühnen, Kino und Ausstellungssälen jährlich über eine Million

Wasserpalast als Romankulisse

Ein prunkvoller Palast, um profanes Leitungswasser zu lagern, das ist so übertrieben wie schön. Gebaut wurde der **Palacio de Aguas Corrientes** zwischen 1887 und 1894. Nach der Cholera- und der Gelbfieberepidemie wollte man die Trinkwasserversorgung verbessern. Das mit bunt glasierten Keramiken üppig verzierte Gebäude beherbergt heute die Wasserverwaltung.

Übrigens: Das Innere des Wasserpalastes dient als kuriose Kulisse für den Roman „Der Tangosänger" von Martínez. Wer einen Blick in das schöne Gebäude werfen möchte, der sollte das Museo del Patrimonio Histórico im ersten Stock besuchen (Mo.–Fr. 9–13 Uhr).

● **99** [B4] **Palacio de Aguas Corrientes,** Riobamba 750 (Ecke Viamonte), Zentrum

036ba Abb.: rk

Menschen anzieht, das Metropolitan (www.teatrometropolitan.com.ar, Nr. 1343) oder das plüschige Theater Lola Membrives (www.lolamembrives teatro.com.ar, Nr. 1280) mit seinen Musicals.

Flankiert wird die Theatermeile von unzähligen **Pizzerien** und **Restaurants**, **Cafés** und **Eisdielen**, die bis spät in die Nacht geöffnet haben. Doch ganz wie früher ist es nicht mehr auf der „Straße, die niemals schläft". Vorbei sind die Zeiten, in denen man selbst nachts um halb vier in den Buchläden stöbern konnte. Zwar gibt es auf der Corrientes Läden zuhauf, aber die meisten Geschäfte schließen ganz zivil gegen 22 Uhr.
❯ Subte B: Callao, Uruguay oder Pellegrini

KLEINE PAUSE

Die allererste Eiscreme
Das **El Vesuvio** (s. S. 31) ist der älteste Eiscremeladen in Buenos Aires. 1902 gegründet – natürlich von einem Italiener – verkehrten hier berühmte Tangogrößen wie Carlos Gardel und Julio de Caro. Sie alle sind auf Fotomontagen an den Wänden des Cafés versammelt. Im Vesuvio gibt es immer noch leckeres Eis und besonders am Abend wird die Eisdiele voll: Giggelnde Jugendliche und alte Herrschaften sitzen dann einträchtig beieinander und verdrücken Riesenportionen Schokoladeneis mit ganzen Mandeln oder karamelliges Dulce-de-leche-Eis.

⑲ Teatro Colón ★ ★ ★   [C4]

Besucht der weltläufige Opernfreund das Teatro Colón, glaubt er, er sei in die Mailänder Scala geraten. Beginnt das Orchester zu spielen, staunt er noch mehr. Er lauscht. Und er hört – oh diese Akustik! – selbst das kleinste Pling der Triangel. Denn dafür ist das argentinische Opernhaus berühmt: Es habe, so sagen die Argentinier, die beste Akustik der Welt.

Einen Abend muss man in diesem plüschigen, goldverzierten Saal erlebt haben, sei es bei einer der anheimelnd altertümlichen Ballettchoreographien, die die Zuschauer ins 19. Jahrhundert eines Marius Petipa zurückkatapultieren, oder bei einem Konzert des Philharmonischen Orchesters.

Dass das Teatro Colón heute wieder bespielt wird, ist keine Selbstverständlichkeit: Vier Jahre war das weltberühmte Opernhaus wegen Renovierung geschlossen. Es wurde gar gemunkelt, die Stadt würde nimmer

mehr das Geld aufbringen, um das Haus weiterzuführen. Doch im **25. Mai 2010** wurde das Teatro Colón zur Zweihundertjahrfeier der argentinischen Unabhängigkeit mit viel Pomp **wiedereröffnet**. Die Finanzierung des großen Hauses bereitet der Stadt immer noch immense Probleme: 1300 Menschen halten das Kulturunternehmen in Gang.

Das erste Opernhaus von Buenos Aires stand an der Plaza de Mayo und wurde bis 1888 bespielt. Dann schien das bescheidene Haus dem immer reicher werdenden Land nicht mehr angemessen und man plante einen opulenten Neubau. 1889 präsentierte der italienische Unternehmer Ferrari die Pläne des Architekten Francisco Tamburini. Der Neubau sollte zu Ehren von Cristóbal Colón, wie **Christoph Kolumbus** auf Spanisch heißt, am 12. Oktober 1892, dem Entdeckungstag der Neuen Welt, eingeweiht werden. Doch Baumeister und Bauherr starben, der nachfolgende Architekt wurde ermor-

det. Erst nach 19 Baujahren wurde das Teatro Colón unter Jules Dormal fertiggestellt und am 25. Mai 1908 mit **Verdis „Aida" eingeweiht.**

3000 Zuschauer finden im rotplüschigen Saal Platz. In der über einhundertjährigen Geschichte des Theaters war ein Großteil der Opernweltklasse zu Gast: **Richard Strauss** und **Herbert von Karajan** haben hier dirigiert, **Enrico Caruso** und **Maria Callas** haben hier gesungen. Vielleicht hat sich deshalb bei den Argentiniern der Ausruf „Al Colón!" eingebürgert, wenn jemand etwas besonders gut macht.

Wer weder Ballett, noch Oper oder Konzerte mag, der sollte eine der **Führungen** durch das weitverzweigte Gebäude besuchen. Die unterirdischen Werkstätten, vom Schuhmacher bis zum Friseur, erstrecken sich bis unter die Avenida 9 de Julio. Die knapp einstündigen Rundgänge auf Englisch und Spanisch starten beim Eingang in der Straße Tucumán 1171 (Ecke Libertad), wo sich auch der Ticketschalter befindet.

❯ Cerrito 628 und Libertad 621 (Ecke Tucumán), www.teatrocolon.org.ar, Die Saison startet im März und dauert bis Dezember. Ticketverkauf: Tucuman 1171 (s. u.), Führungen tgl. 9–17 Uhr alle 15 Min., 150 Pesos, Subte D: Tribunales, Subte B: Pellegrini, Subte C: Diagonal Norte

●**100** [C4] **Ticketschalter Teatro Colón,** Tucuman 1171, Tel. 43787109, Mo.–Sa. 10–20 Uhr, So. 10–17 Uhr

⌂ *Das Teatro Colón wurde nach vier Jahren Sanierung im Mai 2010 wiedereröffnet*

037ba Abb.: mc

022ba Abb.: rk

KLEINE PAUSE

Die Pizzabörse

Wer die Tür öffnet, dem schlägt ein Gelärme entgegen wie auf der New Yorker Börse vor Handelsschluss. Links am Metalltresen stehen schon die Eiligen an, die ein Stückchen der köstlichen Pizza im Stehen verspeisen wollen. Rechts jene, die auf einen der Tische im **El Cuartito** (s. S. 27), dem „Kämmerchen", warten. Die Wände dort sind über und über mit Fußballhemden jeglicher Provenienz dekoriert und mit Fotos aller Halbberühmtheiten behängt, die die Welt hervorgebracht hat. Die Pizzeria wurde 1934 gegründet. Sie ist einer der Lieblingsorte der Porteños und nicht nur nach einem Abend im Teatro Colón quasi ein Muss.

⑳ El Obelisco ★★   [D4]

Die einen haben den Eiffelturm, die anderen die Freiheitsstatue – Buenos Aires hat den Obelisken. Zwar sieht er aus wie aus Pappmaché und selbst sein Baumeister, Alberto Prebisch, soll gesagt haben: „Der Obelisk hat keinerlei Bedeutung", aber den Porteños ist – schon aus purer Sentimentalität – das weiße, phallische Ding ans Herz gewachsen.

1936 wurde der Obelisk von einem **deutschen Bauunternehmen** innerhalb von 31 Tagen errichtet. Eigentlich sollte er nach drei Jahren wieder abgetragen werden, aber wie das so ist mit Provisorien – sie bleiben für immer. Dabei kann man mit dem 67 Meter hohen Wahrzeichen wenig anfangen: Zwar ist er **hohl** und in seinem Inneren führt eine schnurgerade Leiter 202 Stufen bis zur Spitze, wo in einer Eisenschatulle ein Brief an jene liegt, die irgendwann den Obelisken abreißen werden. Für die Öffentlichkeit zugänglich aber ist der steile Aufstieg – verständlicherweise – nicht.

Gebaut wurde die Stahlbetonsäule zu Ehren der beiden Stadtgründungen 1536 und 1580, der Ernennung von Buenos Aires als Hauptstadt 1880 und zur Erinnerung an das erstmalige Hissen der Nationalflagge im Jahre 1812 in der Kirche San Nicolas, die einstmals hier stand. All das können Interessierte auf den vier Außenseiten des Obelisken nachlesen.

Der eigentliche **Grund für die Konstruktion** aber war, dass man dringend ein Monument benötigte. Zum einen jährte sich 1936 die erste Stadtgründung zum 400. Mal, zum anderen hatte man mit dem Bau des schicksten Boulevards der Welt, der Avenida

⌂ Der Obelisk, das Wahrzeichen der Stadt, steht schon über 75 Jahre länger als ursprünglich geplant

9 de Julio, und der Verbreiterung der Avenida Corrientes plötzlich einen riesigen, bedeutungsheischenden Platz: **La Plaza de la República**. Und so entstand in kreativer Schaffenslaune aus dem Nichts ein Obelisk.

Heute ist Buenos Aires ohne Obelisken kaum mehr vorstellbar. Zu seinen Füßen wird gerne demonstriert, aber auch für Gedenktage wird das Monument fantasievoll eingesetzt: So etwa 2005, als man ihm zum Welt-Aids-Tag ein riesenhaftes, rotes Kondom überzog, oder 2007, als man ihn zum 150. Jahrestag der Beziehungen zwischen Deutschland und Argentinien in überdimensionierte hellblau-weiß-hellblaue und schwarz-rot-goldene Flaggen einhüllte.

❯ Plaza de la República, Avenida 9 de Julio (Ecke Corrientes), Subte C: Diagonal Norte, Subte B: Pellegrini, Subte D: Avenida 9 de Julio

EXTRATIPP

Die breiteste Avenida der Welt von oben

Wer das Ausmaß der Avenida 9 de Julio, der breitesten Straße der Welt, erfassen will, muss sie von oben betrachten! Eine herrliche Möglichkeit dazu bietet das **Hotel Panamericano**. Im 23. Stockwerk des Nordturms liegt das Schwimmbad des Edelhotels samt einer Außenterrasse. Drinnen laden ein kleines Wasserbecken und eine kleine Bar ein, draußen breite Holzliegen mit dicken Kissen und eine fabelhafte Sicht auf Buenos Aires.

S101 [D4] **Terrassenbad im Hotel Pan-americano,** Carlos Pellegrini 551 (Ecke Lavalle), Subte B: Pellegrini, Subte C: Lavalle, Subte D: Avenida 9 de Julio, Mo.–Sa. 7–21 Uhr, So. 10–21 Uhr, Tagespreis inklusive Frühstück, Sauna, Gymnastik, Handtücher etc. 460 Pesos, ab 15 Uhr 360 Pesos

㉑ Avenida 9 de Julio ★★ **[D5]**

Um den breitesten Boulevard der Welt zu überqueren, braucht der zügige Fußgänger rund fünf Minuten. Mit zehn Fahrbahnen in jede Richtung breitet sich die Avenida 9 de Julio auf insgesamt 140 Meter aus. Bei den Stopps an den verschiedenen Ampeln überspült der tosende Lärm von hupenden Taxis und brummenden Colectivos den Spaziergänger: Das ist Buenos Aires.

Die Hauptverkehrsader verbindet die beiden Stadtautobahnen miteinander: die Autopista 25 de Mayo beim Bahnhof Constitución im Süden und die Autopista Arturo Illia beim Bahnhof Retiro im Norden. Der Name der Avenida erinnert an den 9. Juli 1816, den **Tag der Unabhängigkeit.** Sie ist übrigens die einzige Straße der Stadt, die ihren Namen beim Kreuzen mit der Avenida Rivadavia nicht ändert!

Geplant wurde der Boulevard schon 1895 angeblich in Anlehnung an die Pariser Champs-Élysées. Verabschiedet wurde das Vorhaben von der Stadt 17 Jahre später, doch erst 1935 begann man mit dem Bau. Ganze Häuserblocks mussten dafür abgerissen werden.

Am 9. Juli 1937 weihte die Stadt ein erstes Teilstück ein, aber erst 1960 war die **breiteste Straße der Welt** fertiggestellt.

Genau genommen setzt sich die Avenida aus **drei Straßen** zusammen: Die 14 mittleren Fahrbahnen der Avenida 9 de Julio werden – durch einen Grünstreifen getrennt – auf jeder Seite von dreispurigen Einbahnstraßen flankiert. 2013 buddelte die Stadt im Hauruckverfahren die Mitte der Avenida 9 de Julio um, stellte auf ganzer Länge des breitesten Boulevards der

O77ba Abb.: mc

Welt eine nahezu durchgängig überdachte Bushaltestelle auf und richtete Spuren für Metrobusse ein. Damit können die Porteños jetzt mit der wahrscheinlich längsten Busstation der Welt aufwarten.

Die Pläne, den Verkehr der Avenida unter die Erde zu verlegen, wurden bisher nicht verwirklicht, aber Fußgänger können schon heute in den Untergrund abtauchen: Auf der Höhe des Obelisken ❷⓿ verlaufen unter der Avenida zwei unterirdische *galerías comerciales* (Sa./So. geschl.), in denen es in allerlei kuriosen kleinen Geschäften und winzigen Cafébars viel zu entdecken gibt.

❯ Die Subte C verläuft unter der Avenida 9 de Julio von der Station San Juan bis zur Diagonal Norte. Subte D: Pellegrini, Subte B: Avenida 9 de Julio, Subte A: Avenida de Mayo und Lima

An der Plaza de la República kreuzen sich die Corrientes ❶⓼ *und die breiteste Allee der Welt* ❷❶

La City

Im wirtschaftlichen Herzen der Stadt, auch **Microcentro** genannt, sind Geld und Macht versammelt: Die meisten **Banken** und **Wechselstuben** residieren hier und die wichtigsten **Behörden** und **Ministerien**. Da die extremen Verkehrsabgase die Gebäude arg in Mitleidenschaft gezogen haben, werden die schmalen Straßen nach und nach verkehrsberuhigt; außer Taxis sind nur noch Geldtransporter zu sehen.

Zwei Fußgängerzonen durchschneiden das Microcentro wie ein Kreuz: Die ruhigere **Lavalle** [A4–E4] mit ihren Kinosälen und Restaurants, ihren Souvenir- und Lederwarenläden verläuft parallel zur **Avenida Corrientes** ⓲. Durchkreuzt wird sie von der hektischeren Einkaufsmeile **La Florida** [D3–D5]. Zwischen hastenden Angestellten und schlendernden Touristen streckt eine Bettlerin ihre Hand nach ein paar Pesos aus und Schwarzmarkthändler bieten mit dem lautem Ruf „Cambio, Cambio!" ihre Geldwechseldienste an. Wie in jedem anderen Land ist diese Zone nachts verwaist – bis auf die **cartoneros** (s. S. 52), die mit ihren Sackkarren immer auf der Suche nach möglichst feinem, weißen Büropapier sind.

🔴22 Museo Mitre ★ [E4]

In dem schlichten Kolonialhaus aus dem Jahr 1785 mit seinem schmiedeeisernen Tor ist die Zeit stehengeblieben: Die plüschigen Möbel und das Totenbett des **Generals Bartolomé Mitre** (1821–1906) sind unverrückt wie vor über einhundert Jahren. Mitre war von 1862 bis 1868 der erste **Präsident des wiedervereinten Argentinien**. Zehn Jahre zuvor hatte er als Artillerist bei der Schlacht von Caseros gegen den Diktator Rosas ge-

kämpft. Er war ungeheuer gebildet, davon zeugt seine **kostbare Bibliothek** – der größte Schatz, den das Museum besitzt.

1870 gründete der General in diesem Haus seine eigene Zeitung: La Nación. Mitre lebte hier 46 Jahre lang bis zu seinem Tod. Seit 1907 ist das Haus ein Museum.

❯ San Martin 336 (Ecke Sarmiento), www.museomitre.gob.ar, Tel. 43948240, Mo.–Fr. 13–17.30 Uhr, Bibliothek und Archiv: Mi. 14–17.30 Uhr, Subte B: Florida, Subte D: Catedral, Subte C: Diagonal Norte

🔴23 Galerías Pacífico ★★ [D3]

Die eleganten Galerías Pacífico sind einer der schönsten Orte für einen Einkaufsbummel. Hinter den alten Beaux-Art-Fassaden verteilen sich auf drei Ebenen 150 Läden von Boss und Lacroix bis Sony und Swatch. Das Gebäude war 1889 für das Geschäft von Bon Marché gebaut worden. Nach glücklosen Jahren gestaltete man 1946 alles neu: **Argentinische Künstler** wie Antonio Berni malten zwölf Fresken für die Kuppel über dem zentralen Kreuzpunkt. Etwas später stand das Gebäude wieder leer. Unter der **Militärdiktatur** von 1976 bis 1983 soll hier eines der geheimen Folterzentren versteckt gewesen sein. 1992 wurde die Einkaufspassage umgebaut, mit **Glaskuppeln** überdacht und mit polierten Natursteinwegen und -brücken ausgestaltet. Doch nicht nur dem Einkaufsrausch kann man hier erliegen, auch dem Kulturrausch: Seit 1995 breitet sich auf 10.000 Quadratmeter das **Centro Cultural Borges** (s. S. 33) aus.

❯ Florida (Ecke Córdoba), Mo.–Sa. 10–21 Uhr, So. 12–21 Uhr, Subte C: Lavalle, Subte B: Florida, www.galeriaspacifico.com.ar

Von der Hafenseite aus

㉔ Puerto Madero ★★ [F6]

Das neue, glitzernde Hafenviertel hat alles, was eine schicke Hafencity braucht: herausgeputzte Backsteinspeicher, stillgelegte, angeleuchtete Kräne, schnieke Jachten und gepflegte Museumsschiffe, teure Bar-Restaurants und ein Flair von lässigem Dolce Vita. Das alles wird von verspiegelten und nobel glänzenden Bürotürmen flankiert. Vor 20 Jahren sah es im Puerto Madero noch anders aus: Da war der alte Hafen verlassen und verwahrlost.

Doch zurück zum Anfang: Bis Ende des 19. Jahrhunderts ankerten Schiffe, die Buenos Aires anliefen, weit entfernt von der Küste. Bis zu diesem Zeitpunkt sind die Waren 300 Jahre lang über lange Wege mit Barkassen und Karren in die Stadt transportiert worden. Erst 1882 entschied der Kongress, nach den Plänen des Kaufmanns Eduardo Madero eine **Hafenanlage** zu bauen. Madero hatte sich auf einer Reise nach London Anregungen geholt: Sichtbar wird das an den alten **Ziegelspeichern in englischem Stil**. 1887 begann man mit den Arbeiten, 1898 waren die vier miteinander verbundenen Docks und die zwei Hafenbecken fertiggestellt. Nur zehn Jahre später war die Anlage bereits überholt – die Schiffe waren zu groß geworden.

Zwischen 1911 und 1925 wurde der Hafen **nach Norden hin erweitert.** Es entstand der **Puerto Nuevo**, ein offener Hafen, der heute noch in Betrieb ist. Die alte Hafenanlage von Eduardo Madero aber spielte keine Rolle mehr und verwaiste. Dabei befanden sich die Docks in unmittelbarer Nachbarschaft zum Finanz-, Politik- und Ge-

schäftszentrum von Buenos Aires. Es lag nahe, die Gegend durch Umstrukturierungen und Investitionen wieder aufzuwerten. Schon 1925 gab es Vorschläge, das Gebiet neu zu nutzen, tatsächlich angeschoben wurde das Vorhaben 1989 unter der neoliberalen Präsidentschaft von Carlos Menem. Die besten Pläne wurden 1992 ausgezeichnet und in **Puerto Madero** begannen die Bauarbeiten. In die alten englischen Ziegelspeicher wurden teure Lofts gebaut, die als **Büros** oder **Wohnungen** genutzt werden.

Heute sieht Puerto Madero aus wie jedes neue, glitzernde Hafenviertel in unserer globalisierten Welt. Trotz allem lohnt sich ein Spaziergang an den Kais. Am schönsten ist es am Abend, wenn sich zahllose Lichter märchenhaft im Wasser spiegeln und die schneewittchenweiße **Puente de la**

KURZ & KNAPP

Museum der Einwanderer

Rund 3,5 Millionen Menschen wanderten zwischen 1895 und 1946 in Argentinien ein. 1911 baute man am nördlichen Hafenbecken des Puerto Madero eine Unterkunft für sie und nannte das Gebäude euphemistisch **Hotel de Inmigrantes**. Bis zu 4000 Einwanderer konnten hier die ersten fünf Tage ihrer Ankunft kostenfrei unterkommen. Heute stellen die neuen Einwanderer im alten Speisesaal zu ebener Erde ihrer Anträge, im dritten Stock des arg ramponierten Gebäudes führt eine kleine Ausstellung in vergangene Zeiten.

🏛 **102** [E2] **Museo de Inmigrantes,** Av. Antártida Argentina 1355, www.migraciones.gov.ar, Tel. 43170285, Di.–So. 12–20 Uhr, feiertags geschlossen, Subte C: Retiro

mujer [F5] sich mit einem hellen Bogen in den dunklen Himmel schwingt. Die bewegliche Fußgängerbrücke wurde 2001 gebaut und ist ein Geschenk des Hilton-Hotel-Besitzers Alberto González. Sie führt die Spaziergänger am **Dock III** von einer Kaiseite zur anderen. Direkt daneben liegt mit Lampions geschmückt die dreimastige **Museumsfregatte Sarmiento** (tägl. 9–20 Uhr). 1887 in Liverpool als Segelschulschiff für die argentinische Marine gebaut, schipperte sie bis 1960 auf dem Meer. Heute spielen Kinder an Bord Piraten und die Eltern schauen sich im Bauch des Schiffes die Kajüten, Fotos und Erinnerungsstücke an.

❯ Subte B: L.N. Alem, Colectivos 22, 26, 28, 33, 62, 64, 99, 105, 130, 140, 142, 146, 152

⌂ *An den vier Docks des Puerto Madero herrscht eine Atmosphäre von lässigem Nichtstun*

㉕ Museo Fortabat ★ [F3]

Amalia Lacroze de Fortabat (1921–2012) galt als die reichste Frau Argentiniens. **Andy Warhol** hatte von ihr im Jahr 1980 einen Siebdruck herstellen lassen. Ein guter Grund, um ein schickes Gebäude um das Kunstwerk zu bauen.

Den Rundgang beginnt der Besucher in der *sala familiar,* in der die Familienmitglieder der Fortabats huldvoll von den Bildern lächeln. Doch es gibt hier natürlich noch mehr Kunst: Amalia Lacroze de Fortabat hat Werke vieler **argentinischer Künstler,** aber auch von **Brueghel** und **Rodin** gesammelt. Interessant sind aber vor allem der Eindruck, den der Besucher bei seinem Streifzug durch das Museum von der **argentinischen Geschichte** bekommt, und das Bild, das eine – reiche – Argentinierin von ihrem Land vermitteln möchte.

Das Spektakulärste jedoch ist der Bau selbst: Das Dach lässt sich auf ganzer Länge öffnen – was aber nur selten passiert.

❯ Dique IV, Olga Cossettini 141, Tel. 43106600, www.coleccionfortabat. org.ar, Di.–So. 12–20 Uhr (Eintritt bis eine Stunde vor Schließung), Eintritt: 45 Pesos, Colectivos 22, 28, 33, 62, 105, 140, 142, 152

26 Costanera Sur ★ [G6]

Wer die alte Uferpromenade Costanera Sur entlangschlendert, kommt an einem halben Dutzend Grills vorbei: Sie heißen „Su Parrillón", „Mi Parillón" oder „El Parillón". Hier brutzelt der Inhaber höchstpersönlich das Fleisch und fertigt „choripanes" an, eine fettige Grillwurst im Brot, zu der die Sonntagsausflügler viel „chimichuri", eine scharfe Pepperonipaste, essen.

Im schattigen Laubengang der Pergola kann der gestresste Großstadtbewohner auf lauschigen Parkbänken die stille „Lagune der Biber" betrachten, dem Schnattern der Papageien lauschen und die gelassene Stimmung auskosten. Wo sich heute in der kleinen Lagune die Binsen im Wind wiegen, strömte 1918, als dieses Fleckchen als städtischer Badeort eingeweiht wurde, das Wasser des mächtigen Río de la Plata. Man spazierte an der Uferpromenade, sah die Frachtschiffe vorbeischippern und durfte – strikt getrennt nach Geschlechtern – ins Wasser steigen. Im gleichen Jahr brachte man die **Fuente de las Nereidas** an die Costanera Sur, die die argentinische Bildhauerin Dolores Mora de Hernández – kurz Lola Mora – 1902 geschaffen hatte. Ursprünglich stand der Marmorbrunnen, der die Geburt der Venus im Beisein etlicher Nymphen zeigt, ganz in der Nähe der Casa Rosada. Doch Nymphen und Venus waren für die damalige Zeit zu wenig bekleidet und wurden kurzerhand an die Küste verbannt.

Zum verspielten Brunnen gesellten sich in den 1920er- und 1930er-Jahren Bars und Cafés, die auch nachts mit Musik und Varietés Publikum anzogen. Die Promenade war ein populäres Ausflugsziel zum Bummeln und zum Schwofen. In den 1950er-Jahren ging es bergab mit dem Badeort an der Costanera Sur: Die Cafés wurden abgerissen, das Baden im immer dreckiger werdenden Fluss verboten. In den 1970er-Jahren verschwand das Wasser ganz: Das an die Promenade grenzende Gebiet wurde trockengelegt und 1986 zur **Reserva Ecológica** 27 („Naturschutzgebiet") erklärt. Heute ist die Costanera Sur wieder belebt und beliebt, fast wie in früheren Zeiten.

❯ Vera Peñaloza (Ecke Tristan Achával Rodríguez), Colectivos 2 (halbstündlich bis zur Pergola), 4, 103, 111

27 Reserva Ecológica ★★ [gk]

El Camino del Lagarto („Der Weg der Echse") verläuft zwischen blühendem Hibiskus und Palmen, vorbei an Lagunen und rissigem Ödland. Am Horizont glitzern die 43-stöckigen Hochhaustürme des Puerto Madero, in den Gräsern rascheln vorbeiflitzende Leguane. Die Hitze ist prall, der Lärm der Stadt weit weg.

Auf den Wegen des **Naturreservats** begegnet der Spaziergänger nur dann und wann einem Jogger. Die meisten Besucher zieht es direkt ans Ufer des Río de la Plata. Dort sonnen sich die Porteñas im Bikini, während die Porteños trotz Verbots im rostroten Wasser kraulen. Auch wenn der kleine **Strand** mit Schuttresten befestigt wurde – es ist ein Labsal, in dieser Ruhe den vorbeiziehenden Containerschiffen zuzuschauen.

Buenos Aires hatte 1978 begonnen, nach dem Vorbild der niederländischen Polder dieses Land **zu gewinnen** und eine große Fläche des Küstengebiets trockenzulegen. Mithilfe von Bauschutt entstand bis 1984 ein 350 Hektar großes Gebiet, das man aber nicht – wie ursprünglich gedacht – nutzte, um eine Art Satellitenstadt für die Stadtverwaltung zu bauen. Stattdessen siedelten sich ungestört Pflanzen und **seltene Tiere**, vor allem **Vögel**, an. Mit ihnen kamen die Ornithologen. Die Vogelforscher konnten den Stadtrat 1986 überzeugen, das Gebiet zum **Naturschutzgebiet** zu erklären.

Wandert man heute genüsslich den großen, etwa 4,2 Kilometer langen Bogen vom südlichen Eingang des Naturschutzgebiets zum nördlichen, dann benötigt man rund eine Stunde. Der direkte Weg ist nur halb so lang. Wer möchte, kann das Naturreservat auch im Mondlicht erleben: Einmal im Monat, freitags nach Vollmond, gibt es eine **nächtliche Führung** (Reservierung unter Tel. 08004445343). **Tagesführungen** finden samstags, sonn- und feiertags um 9.30 Uhr und 16 Uhr (November bis März) oder 10.30 Uhr und 15.30 Uhr (April bis Oktober) statt.

❯ Verwaltungsgebäude, Avenida Tristan Achával Rodríguez 1550 (Ecke Vera Peñaloza), Südeingang, Tel. 43154129, www.reservaecologica.gov.ar, Di.–So., April–Okt. 8–18 Uhr, Nov.–März 8–19 Uhr, Einlass bis 15 Min. vor Schließung, Eintritt frei, Colectivos 2, 4, 103, 111

La Boca

La Boca ist ein typisches armes **Hafenviertel** mit etwas schäbigen Kaschemmen und alten Cafébars. Nur selten verirrt sich ein Tourist in dieses deshalb sehr authentische Viertel. Der Stadtteil liegt an der südöst-

lichen Grenze der *Capital Federal,* direkt an der Mündung – auf Spanisch *La Boca* – des wohl dreckigsten Flusses der Welt: Der Riachuelo fließt hier in den Río de la Plata. Die teils schulterhoch verlaufenden Bürgersteige, die man mittels steiler Treppen hoch- und wieder hinabklettern muss, zeugen davon, dass das Flüsschen durch den Südostwind regelmäßig über seine Ufer gedrückt wird. Erst seit 1995 versucht man die Überschwemmungen in den Griff zu bekommen.

Das Viertel entstand Mitte des 19. Jahrhunderts, als immer mehr italienische Immigranten, viele davon aus Genua, hier strandeten. Anfang des 20. Jahrhunderts ergriff der **Tango** Besitz von La Boca. In unzähligen Cafés und Tavernen spielten Dutzende von kleinen Tango-Ensembles auf, und die Menschen kamen auch aus entfernten Vierteln, um hier ihre Freizeit zu verbringen.

Berühmtester Sohn des Viertels ist der Maler **Quinquela Martín,** der ein Museum für argentinische Kunst **29** aufbaute. Seinem Einfluss werden die farbenprächtigen Häuserfassaden des **Caminito 31**, der weltberühmten „kleinen Straße", zugeschrieben. Heute sind die bunten Quadratmeter am Hafenbecken **Vuelta de Rocha** ein Paradebeispiel erfolgreichen Marketings: Tagtäglich überschwemmen Touristen das eng begrenzte Terrain, das Kitsch ohne Grenzen bereithält. Aber alles hinter dieser Zone ist eine No-go-Area, selbst wenn man dort nicht gleich überfallen werden muss.

Seit geraumer Zeit haben Investoren ein Auge auf La Boca geworfen, um es ähnlich wie Puerto Madero zu erschließen, doch die Bewohner verweigern bisher allen Außenstehenden hartnäckig den Zugriff auf ihr Viertel.

28 Puente Transbordador ★ [G10]

Wie der Obelisk ist auch sie ein Wahrzeichen von Buenos Aires: die Puente Transbordador in La Boca. Ihre **dunkle Eisenkonstruktion** könnte von Gustave Eiffel stammen, wurde aber 1908 in England entworfen und hergestellt.

1914 nahm die „Übersetzbrücke" ihren Betrieb auf. Sie **verband La Boca mit dem gegenüberliegenden Hafenviertel** mittels eines Karrens, der hin- und zurückfuhr. 50 Tonnen konnten so innerhalb von vier Minuten über den Riachuelo transportiert werden. Das war um ein Vielfaches schneller, als die Boote, die die Arbeit vorher erledigt hatten. 1936 stellte die Übersetzbrücke den Betrieb ein und die neue, parallel verlaufende **Puente Avellaneda** übernahm ihre Aufgabe.

Ex-Präsident Carlos Menem wollte die alte Puente Transbordador während seiner Regierungszeit angeblich zerlegen und ihr Eisen verkaufen – gut möglich, schließlich gibt es kaum etwas, das Menem in seiner Amtszeit nicht verkauft hat.

❯ Avenida Almirante Brown (Ecke Avenida Pedro de Mendoza), Colectivo 29, 53, 64, 152

29 Museo Quinquela Martín ★ [G10]

Mit dickem Pinselstrich malte und spachtelte Benito Quinquela Martín seine Ölgemälde: Schiffe und Arbeiter, Wracks vor Sonnenuntergängen und in Feuersbrünsten – seine Farben leuchten flammend auf dem dunklen Grund. Das Museum an der Vuelta de Rocha zeigt 90 seiner Werke und ist damit die größte zusammenhängende Ausstellung des argentinischen Malers.

Das **Museo de Bellas Artes de La Boca Quinquela Martín** steht direkt am Hafenbecken Vuelta de Rocha. Das Land, auf dem das Museum 1936 erbaut wurde, hatte Quinquela Martín (1890–1977) seinem *barrio* geschenkt, dem er seit seiner Kindheit eng verbunden war. Thema seiner Arbeiten war immer wieder das Leben im Hafen von La Boca.

Die Geschichte Martíns ist romanhaft und anrührend, aber auch typisch für Buenos Aires an der Wende zum 20. Jahrhundert: Quinquela Martín ist ein **Findelkind**. Ordensschwestern entdeckten den Säugling zusammen mit der Hälfte eines durchgeschnittenen, blumenbestickten Taschentuchs und dem Zettelchen: „Das Kind ist getauft und heißt Benito Juan Martín." Zu jener Zeit wurden täglich bis zu drei Kindern ausgesetzt, die in Waisenhäusern aufwuchsen und im arbeitsfähigen Alter von sechs Jahren zur Adoption frei gegeben wurden.

Das Ehepaar Chinchella nahm den kleinen Benito auf, der sich nach ihnen später lautmalerisch Quinquela nannte. Mit 14 Jahren fing er an zu arbeiten, abends besuchte er eine Kunstschule. 1910 begann er seine Bilder auszustellen und eroberte in den 1920er-Jahren Madrid, Paris, New York. Zurück in Buenos Aires versuchte er seinen **Wohlstand zu teilen:** Er gründete die Schule Pedro de Mendoza, ein Heim und eine Kunstschule für arme Kinder, ein zahnärztliches Institut für Arme, das Teatro de la Ribera und das nach ihm benannte Museum.

Neben der umfassenden Schau mit Werken des populären Malers sind in den rundverneuerten Sälen von ihm **ausgesuchte Werke weiterer Künstler aus La Boca** zu sehen. Dazu werden in einem Saal **alte Galionsfiguren** gezeigt, die zum Großteil in La Boca gefertigt wurden. Auch der Aufstieg aufs Dach des Gebäudes lohnt sich: Hier kann der Blick über die Hinterhäuser von La Boca wandern, wo die Wäsche zum Trocknen im Wind flattert, bis hin zum Fußballstadion La Bombonera.

> Pedro de Mendoza 1835 (Ecke Palos), www.museoquinquela.gov.ar, Tel. 43011080, Di.–Fr. 10–17.30 Uhr, Sa./So. 11–17 Uhr, 10 Pesos, Colectivos 29, 53, 64, 152

🔟 Fundación Proa ★ [F10]

Das Gebäude, das die Kunstsammlung der Fundación Proa beherbergt, bildet einen eigenartigen Gegensatz zu den verspielten, bunten Häusern des Caminito nebenan: eine schneeweiße, alte Villa mit einem Anbau aus Stahl, Beton und getöntem Glas. Die Kontraste am Bau sind programmatisch, sie sollen „Geist und Gedächtnis des alten Gebäudes bewahren", so die Macher, „und beides in die Zukunft und in die Welt hineintragen".

Hinter der eigenwilligen Fassade zeigt die Fundación Proa seit 2008 in wechselnden, interessanten Ausstellungen Kunst **des 20. und 21. Jahrhunderts**. Die Stiftung wurde 1996 von der Baugesellschaft Techint gegründet, dem wohl erfolgreichsten argentinischen Industrieunternehmen. Neben den Ausstellungen gibt es in einer kleinen, wohl sortierten **Kunstbuchhandlung** im zweiten Stock gleichsam schöne wie teure Bücher.

Wem das alles zu anstrengend ist, dem sei das **Café** ganz oben empfohlen: Unter den weißen Markisen der Terrasse lässt es sich bei Milchkaffee oder einem kleinen Essen gut auf den weichen Kissen der Holzsofas lümmeln. Von der Balustrade aus streift der Blick über das verwaiste Hafenbecken hin zum Wahrzeichen La Bocas, der Puente Transbordador 🟥, und zurück zum bunten Caminito 🟥, von dem wieder und wieder die Stimme Gardels heraufdringt, der – wie die Porteños behaupten – sein geliebtes Buenos Aires jeden Tag schöner besingt.

> Avenida Pedro de Mendoza 1929 (Ecke Magallanes), Tel. 41041001, www.proa.org, Di.–So. 11–19 Uhr, Colectivos 29, 53, 64, 152

🟥 El Caminito ★★ [F10]

Bonbonbunte Wellblechhäuser, kopfsteingepflasterte Gässchen und farbenfrohe Marktstände – fertig ist der Caminito, der „**kleine Weg**". Der Maler Benito Quinquela Martín soll die Straße 1959 gekauft und den Markt zur Unterstützung der einheimischen Bevölkerung eingerichtet haben. Auch die Farbgebung der Häuser geht auf ihn zurück. Ein voller Erfolg! Der Caminito ist zu einer der be-

◁ *Beim bunten Caminito drängen sich Souvenirshops und Touristencafés aneinander*

kanntesten Sehenswürdigkeiten von Buenos Aires geworden.

Zwischen den engen Kunsthandwerksständen herrscht ein quirliges, touristisches Treiben. Die mit **kitschigen Souvenirs** vollgestopften Läden, klischeegerecht ausstaffierte Tangopärchen, die sich für Fotos in Pose werfen, und malerische Cafés machen aus dem „kleinen Weg" ein eigentümliches Märchenland, das mit dem ärmlichen Leben im übrigen La Boca herzlich wenig zu tun hat. Nichtsdestotrotz, einmal sollte man das Gewirr des Caminito aus bunten Farben und Tönen erlebt haben – und ein Mitbringsel braucht man schließlich auch.

❯ Am Hafenbecken Vuelta de Rocha, Avenida Pedro de Mendoza (Ecke Iberlucea), Colectivo 29, 53, 64, 152

🟥32 La Bombonera ★★   [F10]

50.000 Fans passen in das Fußballstadion des legendären Vereins Boca Juniors. Bei Heimspielen klettern die Gesänge und Anfeuerungsrufe die steilen Ränge empor und schwingen sich über das ganze Viertel, vervielfacht und verstärkt durch die Schüsselform, die dem Stadion seinen Spitznamen gab: La Bombonera, „Die Pralinendose".

Der blau-gelbe Anstrich der Zuschauertribünen ist verblasst und abgeschabt durch die Dramen, die sich seit Jahrzehnten hier abspielen. In den leeren Gängen und Umkleidekabinen erahnt der Besucher legendäre Zeiten. Hoch oben in den Ecken der Mannschaftsräume beten blasse Madonnenfiguren für einen glücklichen Spielausgang. **Diego Maradona** ist immer präsent: Er hat „seinem Verein" bis in alle Ewigkeit Treue geschworen und eine der VIP-Lounges gekauft, die der damalige Präsident

Die Zehn: Diego Maradona

*Der beste Fußballer aller Zeiten! Das spektakulärste Tor des 20. Jahrhunderts! Diego Maradona - man kommt nicht um ihn herum. Die Nation, ach was, die Welt, nimmt Anteil an seinen **Höhenflügen** - und an seinen **Abstürzen.** Drogen, Doping, Fettsucht. Und dann die WM 2010: 0:4 gegen Deutschland und Maradona ist Trainer. Dennoch, die Argentinier werden ihn auf ewig lieben für sein **Talent** und für seine **Tore.***

*Geboren wird Maradona am 30. Oktober 1960 in einem Randviertel von Buenos Aires. Mit 17 Jahren ist er unter den besten 25 Fußballern Argentiniens. Mit 20 wird der Goldjunge an die **Boca Juniors** verkauft.*

*Ewigen Ruhm erlangt Maradona bei der **WM 1986.** Im Viertelfinale gegen England fällt sein berühmtes **Tor durch Handspiel,** für das er Gott höchstpersönlich verantwortlich macht. Ein paar Minuten später schießt er nach einem Slalom durch sieben Engländer das Tor, welches zum schönsten der WM-Geschichte gewählt wird. Dass Argentinien im Finale gegen Deutschland gewinnt, ist nur noch eine Randnotiz.*

*Mit 37 Jahren hört Maradona - gezeichnet von Drogen - auf, Fußball zu spielen. Im Jahr 2000 schreibt er seine **Memoiren** mit dem Titel „Yo soy El Diego". Ein Bestseller. 2005 moderiert er **TV-Talkshows.** Alle schauen zu. Zur WM 2010 versucht er sich als **Nationaltrainer,** leider ohne den erhofften Erfolg. Aber die Argentinier verzeihen ihm - wie immer. Maradona ist ein Idol. Ein Held. Ein Argentinier.*

❯ *www.diegomaradona.com*

Fußballfieber: Boca Juniors

Diese Farben! **Ozeanblau und Kanariengelb.** *Angeblich haben Boca Juniors 1906, ein Jahr nach der Vereinsgründung, um ihre schwarz-weißen Hemden gespielt - und verloren. Nach der Niederlage beschlossen sie, die Farben des nächstbesten Schiffes zu benutzen, das im Hafen einlief. Das Schiff kam aus Schweden.*

Trotz der Farben wurde der **Club Atlético Boca Juniors (CABJ)** *berühmt. Einer der bekanntesten und verrücktesten Fußballspieler aller Zeiten startete hier seine Karriere: Diego Maradona. Der größte Rivale des Vereins ist River Plate. 40 % der Argentinier sollen auf der Seite der Boca Juniors stehen, während sich 33 % zu River Plate bekennen. Doch kalt lässt das Thema niemanden, denn die Argentinier sind Fußballfantiker. Die* **Superclásicos,** *wie die Spiele zwischen den beiden Erzfeinden genannt werden, gehen hitzig ab. Größer könnte der Gegensatz kaum sein: Der Verein des armen Immigrantenviertels gegen River Plate aus dem bürgerlichen Belgrano. Boca-Fans nennen die Anhänger von River Plate* **„Gallinas"** *(„Hühnchen"), die wiederum bezeichnen die Getreuen von La Boca als* **„Bosteros"** *(„Pferdemist-Feger").*

Sich selbst aber haben die Boca-Fans den Namen **„Xeneizes"** *(„Genueser"), gegeben, da die Mehrheit der Immigranten, die in La Boca strandeten, aus Italien, genauer aus Genua, kamen. Mit geschicktem Marketing ist CABJ zum reichsten Verein im ganzen Land geworden.*

der Boca Juniors und heutige Bürgermeister von Buenos Aires, Mauricio Macri, 1996 bauen ließ.

Eingeweiht wurde das Stadion am **25. Mai 1940.** Ricardo Alarcón von den Boca Juniors schoss das erste Tor und erhielt dafür einen Ehrenplatz in der Vereinsgeschichte. Schon im Jahr 1924 hatte sich der Club Atlético Boca Junior, kurz CABJ, hier niedergelassen. Damals spielte man in einem Holzstadion in englischem Stil mit schmalen Säulen. 1931 kaufte der Verein das Land und begann im Jahr 1938 mit dem Bau des neuen Stadions, das 100.000 Zuschauer fassen sollte. Auch wenn es nur halb so groß wurde – die Atmosphäre eines Spiels in der Bombonera gleicht einem **Hexenkessel.**

Für Touristen, die einmal bei diesem Tumult dabei sein wollen, gibt es einen geschützten Extrasektor, in dem man den **hinchas**, den Fans, nicht zu nahe kommt. Die **Eintrittskarten** dafür kann man unter www.bocaexperience.com erhalten. Der Spaß kostet inklusive An- und Abfahrt je nach Gegner umgerechnet zwischen 200 und 500 Dollar. Aufregender und weit preisgünstiger ist es, sich unter das richtige Fußballvolk von La Boca zu mischen – aber selbst Argentinier trauen sich wegen der aufgeheizten Stimmung meist nicht hierher.

Eine Alternative zum Spiel ist eine **Führung** durch die Bombonera, die nach einem CABJ-Präsidenten korrekterweise **Estadio Alberto Jacinto Armando** heißt.

› Brandsen 805, Colectivo 24, 29, 33, 39, 46, 64, 86, 129, 152, 159, 168, 186, www.bocajuniors.com.ar, Führungen (außer an Spieltagen) tgl. 11 – 17 Uhr jede Stunde, 40 Pesos

042ba Abb.: mc

Buenos Aires Design

Die schicken Nordviertel

③③ Recoleta ★★   **[A2]**

Das „Paris des Südens" wie Buenos Aires auch genannt wird – in Recoleta zeigt es sich unverkennbar. **Pracht-bauten** in französischem Stil aus der Zeit der Wende zum 20. Jahrhundert bestimmen das Bild. Die exquisiten Waren der **edlen Geschäfte**, vom teuren Herrenausstatter bis zum feinen Teeladen, sind nur für Gutbetuchte erschwinglich. Am eindrucksvollsten stellt sich der Luxus am **Museo Naci-onal de Arte Decorativo** (s. S. 41) dar. In diesem Palast entfaltet sich die ganze pompöse Pracht einer reichen argentinischen Familie.

Zum **schicken Wohnviertel** entwickelte sich Recoleta erst, als die reichen Großgrundbesitzer 1870/71 vor der Gelbfieberepidemie aus San Telmo in die Nordviertel der Stadt flohen. In Recoleta bauten sie sich neue Häuser, nicht mehr im alten, schlichten Kolonialstil, sie errichteten Villen und Paläste nach dem neuesten Pariser Schick. Und so heißt der wichtigste Platz – wie sollte es anders sein – **Plaza Francia.**

Gleich um die Ecke, in direkter Nachbarschaft zum **Friedhof,** dem **Cementerio de Recoleta ③④**, befindet sich das **Centro Cultural Recoleta** (s. S. 34), das mit vielen Veranstaltungen aufwartet. Auf der ruhigen Grünfläche davor dösen die Menschen in der Sonne und im angrenzenden Gebäudekomplex **Buenos Aires Design** lässt es sich mit ausreichend Geld in

◹ *Die entspannte Atmosphäre Recoletas lässt sich am Gebäudekomplex Buenos Aires Design genießen* der Tasche gut shoppen und auf der großen Terrasse unter riesigen Sonnenschirmen schlemmen oder eben nur einen *cafecito* trinken. Samstags und sonntags verwandelt sich die gesamte Grünfläche ab Mittag in einen schönen Markt mit hübschem Kunsthandwerk und angenehmem Flair.

Wer die Anhöhe, auf der der Friedhof und Buenos Aires Design liegen, hinunterschlendert bis zur Avenida Libertador, trifft linker Hand auf das **Museo Nacional de Bellas Artes** ㉟, das Museum der Schönen Künste. Wer noch weiter läuft bis zur Straße Figueroa Alcorta und an der **Facultad de Derecho** (s. S. 118), der Fakultät für Rechtswissenschaft, vorbei, der kann die **Floralis Genérica** bestaunen. Eine himmelhohe Metallblume, die je nach Sonnenstand ihre riesenhaften Blütenblätter öffnet und wieder schließt. Der Architekt Eduardo Catalano hat das 20 m hohe Kunstwerk 2002 geschaffen und der Stadt geschenkt. Tagsüber spiegelt sich der blaue Himmel von Buenos Aires in ihren Blättern aus rostfreiem Stahl, nachts beginnt die imposante Blume bezaubernd bunt zu leuchten.

❯ Colectivos 10, 17, 37, 38, 59, 60, 67, 93, 102, 130

㉞ Cementerio de Recoleta ★★★ [B1]

In die „Stadt der Engel" gelangt der Besucher durch eine Torhalle mit acht dorischen Säulen. Dahinter, auf einer baumbestandenen Allee, umgibt ihn Stille, die nur vom Zwitschern der Vögel unterbrochen wird. Auf rund 55.000 m² stehen hier dicht an dicht 4800 Totenhäuser der Mächtigen, der Schönen und der Reichen.

Im Labyrinth der Alleen und Gassen des hoch ummauerten Friedhofs von Recoleta verirrt man sich schnell. Hilfreich ist der **Faltplan**, der am Eingang für ein paar Pesos verkauft wird und auf dem die wichtigsten Gräber verzeichnet sind. Und derer gibt es viele hier! Die bedeutendsten Persönlichkeiten der argentinischen Geschichte sind in den Katakomben versammelt, Politiker und Militärs, Dichter und Künstler und alle, die das Geld hatten, sich eine Grabstelle zu kaufen: Diktator Juan Manuel de Rosas und Präsident Bartolomé Mitre, die Schriftsteller Victoria Ocampo und Adolfo Bioy Casares – und natürlich die „Heilige der Nation": **Evita Perón** (s. S. 101). Über allen wachen zu Stein erstarrte Engel. Diese Totenstadt ist aber auch ein Denkmal, das

EXTRATIPP

Die Bibliothek von Babel

Die **Biblioteca Nacional** hat alles, was das Herz des Bücherwurms begehrt: Neben Millionen von Büchern und Zeitschriften auch Landkarten, Fotos und – nicht zu vergessen – im 1. Stock ein winziges Studentencafé mit entzückender Terrasse. Der Hauptlesesaal im 5. Stock bietet außerdem einen Rundum-Blick auf Buenos Aires und den Río de la Plata.

Weltweit bekannt geworden ist die Biblioteca Nacional durch einen ihrer Direktoren, **Jorge Luis Borges.** Der weltberühmte Schriftsteller leitete sie von 1955 bis 1973, als sie noch im alten Gebäude untergebracht war. Borges war wie vorherbestimmt für den Posten: In seiner Erzählung „Die Bibliothek von Babel" hatte er schon im Jahre 1941 eine Bibliothek als eigenes Universum beschrieben. Im neuen Gebäude der Nationalbibliothek scheint dieser Bücherkosmos verwirklicht. Die Realisierung dauerte allerdings 35 Jahre: von der Planung 1958 über den Baubeginn 1972 bis zur Einweihung 1993.

🅑**103** [A1] **Biblioteca Nacional,** Agüero 2502 (Ecke Avenida Las Heras), Mo.–Fr. 9–21 Uhr, Sa./So. 12–19 Uhr, www.bn.gov.ar, Ausweis, Reisepass oder Führerschein für den Einlass in das Gebäude notwendig

viel über die Stadt der Lebenden erzählt. Der Friedhof Recoleta wurde am **17. November 1822** eingeweiht. Er war der erste öffentliche Friedhof von Buenos Aires. Je reicher die Bewohner der Stadt wurden, desto opulenter gerieten ihre **Totenhäuser.** Sie bildeten in kleiner Kopie die Häuser der Lebenden nach: **bombastische Jugendstilbauten** aus importiertem Marmor, **Krypten,** die sich über **mehrere Stockwerke** bis tief unter die Erde graben. Manche sind blank gewienert und mit Blumen geschmückt, andere zerfallen, die Fenster zersplittert, die Dächer eingestürzt, die Sargdeckel zerbrochen, die Gebeine zerstreut. Die Häuser gehören den Familien der Toten, sie müssen sich um den Erhalt kümmern. Häufig tun sie das erst wieder, wenn einer von ihnen stirbt.

Auf den täglichen **Führungen** durch die „Stadt der Engel" erfährt der Besucher viele Details und Geschichten, wie die von dem 1902 lebendig begrabenen Mädchen Rufina Cambaceres.

❭ Junín 1760 (Ecke Vincente López), www.cementeriorecoleta.com.ar, tgl. 7–17 Uhr, Führungen gratis Di.–Fr. 9.30, 11 u. 15 Uhr (Spanisch), Di. u. Do. 11 Uhr (Englisch), Colectivos 10, 17, 37, 38, 59, 60, 61, 62, 67, 92, 95, 101, 108, 110, 124

35 Museo Nacional de Bellas Artes ⭐ [B1]

Das Museum der Schönen Künste stellt in einem **ehemaligen Wasserwerk** von 1870 aus. Bis 1928 wurde dort das Wasser des Río de la Plata gereinigt und verteilt. 1931 schuf der Architekt Bustillo in dem nutzlos gewordenen Gebäude Ausstellungsflächen für das Museo Nacional de Bellas Artes. Das Museum war schon 1895 gegründet worden und präsentierte seine erste Ausstellung 1896 im Gebäude der heutigen Galerías Pacifi-

◁ *Die Stadt der steinernen Engel: Ruhestätte der Mächtigen und Reichen*

co. Erst 1933 fand es seinen Platz im Wasserwerk.

Die **Sammlung** des Museums besteht aus rund 11.000 Werken, 688 davon werden permanent gezeigt. Neben **Malerei**, **Zeichnungen** und **Drucken** sind auch **Skulpturen** darunter. Ein großer Teil der Werke stammt aus den Sammlungen reicher argentinischer Familien und vermitteln dadurch viel über den Geschmack derer, die es sich leisten konnten, Kunst zu kaufen. Im **Erdgeschoss** finden sich auf 2000 m² die Kunstbibliothek und internationale Kunstwerke vom Mittelalter bis zum 20. Jahrhundert. In der **ersten Etage** widmet sich das Museum seit 1980 der argentinischen Kunst des 20. Jahrhunderts und der präkolumbischen Kunst. Vorträge, Filme und klassische Konzerte gibt es regelmäßig im Auditorium.

Der blinde Bibliothekar: Jorge Luis Borges

*Jorge Luis Borges gehört zu den großen **Schriftstellern** der Welt, einen Roman hat er aber nie geschrieben. Seine Form ist die Erzählung. Der Essay. Die Lyrik. In seinen Gedichten feiert er Buenos Aires in den schillerndsten Farben und behauptet kurzerhand, die Stadt sei im Viertel seiner Kindheit gegründet worden: in Palermo. Dort lebte Borges bis 1914 im Haus mit der Nummer 2135 in der Straße Serrano, dann zog die Familie nach Europa. Als sie 1921 zurückkehrten, entdeckte Borges seine Heimatstadt neu und veröffentlichte 1923 die Gedichtsammlung „Fervor de Buenos Aires" („Buenos Aires mit Inbrunst"). In diesen Gedichten, so sagte er im Alter von 80 Jahren, sei sein ganzes späteres Werk enthalten.*

*Borges war ein bewanderter Kosmopolit, ein kühler Denker, ein feinsinniger Gelehrter. Und ein literarisches Genie. Seine Texte sind ein Spiel mit der Täuschung: Geschickt vermengt er Realität und Erfundenes. Seine Themen sind die Unendlichkeit – und natürlich Buenos Aires. Seine „Universalgeschichte der Niedertracht" von 1935 gilt als die Geburtsstunde des **magischen Realismus**. Seine Erzählungen sind Meisterwerke der fantastischen Literatur.*

*Mit 50 Jahren **erblindet** Jorge Luis Borges, vielleicht weil er die Regierung Peróns nicht mehr mit ansehen mochte, die ihn 1946 von seinem Posten als Bibliothekar zum Marktinspektor für Hühner und Hasen befördert hatte. Nach Peróns Sturz 1955 wurde Borges zum Leiter der **Biblioteca Nacional** (s. S. 97) bestellt. Bis 1973 behielt er den Posten, dann kam Perón zurück.*

*Auch wenn die Genialität Jorge Luis Borges unumstritten ist – seine **politische Haltung** ist es nicht: Er dankte 1976 dem Diktator Videla persönlich für dessen Militärputsch. Erst als er von Menschenrechtsverletzungen erfuhr, distanzierte er sich. Vom chilenischen Diktator Pinochet nahm Borges eine Auszeichnung an – angeblich der Grund dafür, dass er den Nobelpreis nie bekommen hat.*

„Ich bin kein Nationalist, sicher kein Peronist und sicher kein Kommunist", so sagte er in einem Interview. „Ich bin ein bescheidener Anarchist. Ich glaube an das Individuum, nicht an den Staat." Jorge Luis Borges starb am 14. Juni 1986 mit 86 Jahren in Genf.

> Avenida del Libertador 1473
(Ecke Pueyrredón), Tel. 52889900,
www.mnba.gob.ar, Di.–Fr. 11.30–
19.30 Uhr, Sa./So. 9.30–20.30 Uhr,
Eintritt frei, Colectivos 10, 17, 37, 38,
41, 59, 60, 92, 95, 110, 124

36 Palermo ★★ [bi]

Palermo ist ein schickes Viertel im
Nordwesten von Buenos Aires. Groß-
angelegte Parks und viele Grünflächen mildern die hektische Metropo-
lenatmosphäre: In Palermo verläuft
das Leben ruhiger und gesünder,
hier kann Buenos Aires sogar erhol-
sam sein.

Noch Jahrhunderte nach Stadtgründung war diese Gegend sump-
fig und häufig überschwemmt. Erst
der Diktator **Juan Manuel de Rosas**
ließ das Land trockenlegen, als er
sich 1836 in der Nähe der Plaza Italia eine kolossale Villa im Kolonialstil
baute.

Heute ist Palermo **einer der größten Stadtteile** von Buenos Aires und
enorm vielfältig. Die Porteños unter-
scheiden deshalb **verschiedene „Palermos"**: Da gibt es das bürgerliche
„Palermo Viejo" und das hippe „Palermo Soho" um die Plaza Cortázar
mit ihren vielen Bars und schicken
Klamottenläden. Kopfsteingepflasterte Straßen wie die Armenia, Gurruchaga oder Thames laden zum
Bummeln, Verweilen und Stöbern
ein. Es gibt „**Palermo Hollywood**",
das seinen Namen von den Fernseh-
produktionsfirmen hat, die hier ihren
Sitz haben, „**Las Cañitas**" beim Polo-
spielfeld, das wegen der vielen Bars
und Restaurants bei Nachtschwär-
mern beliebt ist, und das noble „**Palermo Chico**" mit seinen eleganten
Häusern und den vielen Botschaf-
ten. Und dann gibt es natürlich „**Vil-

KLEINE PAUSEN

Grillabend mit Folklore

Eine peña ist ein Treffen unter Freunden. Dazu gehören etwas Ordentli-
ches zu essen und zu trinken, Folkloremusik und Tanz. **La Peña del
Colorado** (s. S. 34) hat all das zu bieten. Die urige Kneipe mit den groben
Tischen und Bänken ist bekannt für
seine Livemusik. Allabendlich treten
ab 21.30 Uhr kleine Folklorebands
auf, die zwar nicht die besten sind,
bestimmt aber die engagiertesten.
Wer zufällig die eigene Gitarre dabei
hat, darf danach bis zum Morgen-
grauen mitspielen. Der Eintritt für die
Livemusik kostet rund 50 Pesos.

Essen im Kolonialwarenladen

Auf der Theke stehen gigantische
Gläser mit Oliven, von der Decke baumeln Würste und Schinken, an der
Wand stapelt sich Eingemachtes.
Seit 1953 gibt es diesen almacén
(Kolonialwarenladen) und er strahlt
immer noch die Ruhe einer Zeit aus,
die es nicht so eilig hatte. Besonders verlockend ist das einfache und
günstige Essen, das im **El Preferido
de Palermo** (s. S. 28) an Stehtischen
serviert wird, während die Gäste auf
hohen mintgrünen Hockern Platz nehmen. Kein Geheimtipp mehr, aber
auch bei den Anwohnern immer noch
beliebt.

la Freud" um die Plaza Güemes, so
genannt wegen der hohen Dichte an
Psychoanalytikern, die sich hier niedergelassen haben, in dieser an Psis
– wie manche Porteños ihre Couch-
begleiter liebevoll nennen – so über-
reich gesegneten Stadt.

Ein guter Ausgangspunkt für die Er-
kundung Palermos ist die **Plaza Italia** [bi], bei der die **Bouquinisten** ihre

gebrauchten Bücher verkaufen. Der Platz verwandelt sich wie jedes Fleckchen in Buenos Aires sonntags in einen trubeligen Markt. Direkt daneben befindet sich das **Messegelände La Rural**. 1875 erhielt die Sociedad Rural Argentina (Landwirtschaftliche Gesellschaft von Argentinien) an der Plaza Italia vom Staat ein 12 Hektar großes Gelände, um Informationen rund um Themen zu Ackerbau und Viehzucht zu verbreiten. Heute ist La Rural das wichtigste Messegelände Argentiniens: Von Ausstellungen zur Kunst der Gegenwart über die internationale Buchmesse bis zu Pferdeschauen finden hier die größten Veranstaltungen statt.

❯ Subte D: Plaza Italia, Colectivos 12, 37, 39, 64, 141, 152

● **104** [bi] **La Rural,** Santa Fé (Ecke Sarmiento), Palermo, Subte D: Plaza Italia, Tel. 47775500, www.larural.com.ar

37 Malba ★★★ [ci]

Das sandsteinfarbene Gebäude mit den klaren Linien wurde nur für einen Zweck entworfen: Kunst zu zeigen. In der hellen Eingangshalle schwebt der Besucher auf einer Rolltreppe von Saal zu Saal. Neben wechselnden Ausstellungen können sich Kunstliebhaber einen Überblick über lateinamerikanische Werke des 20. Jahrhunderts verschaffen.

Malba, das ist die Abkürzung für **Museo de Arte Latinoamericano de Buenos Aires.** Kernstück des Museums ist die über 200 Werke umfassende Sammlung von Eduardo F. Costantini, der lateinamerikanische **Kunst von den Anfängen des 20. Jahrhunderts bis heute** zusammengetragen hat. Darunter befinden sich Werke von Xul Solar und Pedro Figari, Diego Rivera und Frida Kahlo.

Constantini, Geschäftsmann in Sachen Immobilien, fing in den 1970er-Jahren an, Kunst zu sammeln. 1995 gründete er eine Stiftung, kaufte Land und schrieb einen **Architekturwettbewerb** aus. Drei junge argentinische Architekten, Gastón Atelman, Martín Fourcade und Alfredo Tapia, gewannen mit ihrem Entwurf und verwirklichten dies großartige Gebäude. Am 20. September 2001 wurde das Malba eröffnet.

❯ Avenida Figueroa Alcorta 3415 (Ecke San Martín de Tours), Tel. 48086500, www.malba.org.ar, Eintritt: 50 Pesos, mittwochs 25 Pesos, Mi. 12–21 Uhr, Do.–Mo. 12–20 Uhr, Di. geschl., Einlass bis 30 Minuten vor Schließung, Colectivos 67, 102, 130, 124

38 Museo Evita ★★ [bi]

Das Haus sieht märchenhaft aus mit seinen Bögen, den verzierten schmiedeeisernen Gittern und Toren. Die richtige Umgebung für eine nahezu märchenhafte Figur: **Evita** (s. S. 101), die argentinische „Königin der Armen". 50 Jahre nach ihrem Tod wurde das Museum am 26. Juli 2002 eröffnet. Genau in dem Haus, in dem Evitas Stiftung ein Übergangsheim für mittellose Frauen und Kinder eingerichtet hatte, das 1948 von Evita selbst eingeweiht worden war. Jetzt lädt das Haus ein, „Evita kennenzulernen" und nimmt den Besucher mit auf einen **eindrucksvollen Rundgang** durch das Leben der „Quasi-Heiligen", der begleitet wird von Eckdaten, Zitaten und Auszügen aus ihrer Autobiographie. Zu bestaunen sind Evitas Kleider und Hüte, Fotos und noch mehr Fotos und zwischen allen Ausstellungsstücken deklamiert und wispert ihre Stimme. Das Museum wartet mit einer umfangreichen Dokumentation und vor allem mit viel

Santa Evita

Sie ist die bekannteste argentinische Persönlichkeit der Welt: Evita. Es gibt Romane über sie, Musicals und Filme. Ohne jemals ein politisches Amt zu bekleiden, war Eva Perón ein Jahrzehnt - ja selbst über ihren Tod hinaus - die **einflussreichste Frau Argentiniens.** *Eine Diva im Hermelin, eine Königin der Armen, eine Schauspielerin in der Rolle ihres Lebens. Durch ihren Mann Juan Perón, Präsident des Landes von 1946 bis 1955, bestimmte sie die Geschicke Argentiniens. Über ihre Stiftung für Mittellose nahm sie Einfluss, verteilte Puppen an die Kinder und Essen an die Erwachsenen. Wie eine absolutistische Herrscherin erfüllte sie Bitten und hielt flammende Reden vor den* **Descamisados,** *den „hemdlosen" Arbeitern, die sie für ihre Zwecke einzusetzen wusste. 1947 gelang es ihr, das* **Frauenwahlrecht einzuführen** *- ihre wohl weitreichendste Tat. Wer aber wessen Instrument war, ob Evita das Produkt Peróns war oder umgekehrt, darüber streiten sich noch heute die Gelehrten.*

Das alles war bei ihrer Geburt nicht abzusehen: Eva kam als **uneheliches Kind** *eines Großgrundbesitzers am 7. Mai 1919 in der argentinischen Provinz zur Welt. Als Backfisch ging sie nach Buenos Aires und schlug sich als* **Model** *und als* **Schauspielerin** *durch, als* **Radiomoderatorin** *und als* **Geliebte.** *Im Januar 1944 lernte sie* **Juan Perón,** *den Staatssekretär der Militärregierung, bei einer Wohltätigkeitsgala im Luna Park (s. S. 34) kennen. Einen Monat später lebten die beiden zusammen in ihrer Wohnung in Recoleta (Posadas 1567). Damals war Evita 24*

070ba Abb.: mc

Jahre alt. Im Oktober 1945, nachdem sie Perón mithilfe von Menschenmassen aus dem Gefängnis protestiert hatte, heirateten sie. Es blieben ihr noch sieben kurze Jahre, die sie fieberhaft mit Arbeit anfüllte, als wüsste sie, dass ihre Zeit schneller läuft. Sie starb am 26. Juli 1952 an Krebs. Ihr Leichnam wurde kunstvoll einbalsamiert und in einem gläsernen Sarg im Kongressgebäude aufgebahrt. Ihre Macht war auch nach ihrem Tod so gefürchtet, dass ihre Leiche nach dem Sturz Peróns bei Nacht und Nebel fortgeschafft wurde und auf eine lange Irrfahrt ging, die bis nach Italien führte. Erst 1976 wurde Evita Perón in Recoleta beigesetzt.

❯ *www.evitaperon.org*

Pathos auf. Die dunklen Seiten Evitas und ihrer selbstgefälligen Herrschaft sucht man hier vergeblich.

Neben dem Museum sind im Gebäude auch die **Bibliothek** und das **Archiv des Institutes Eva Perón** untergebracht. In einem kleinen Laden kann man von Evita-T-Shirts über Evita-Bierdeckel und Evita-Schlüsselanhänger nahezu jegliches **Evita-Andenken** erstehen. Besonders empfehlenswert aber ist das angeschlossene **Café-Restaurant:** Auf einer begrünten Terrasse erholt man sich bei Vogelgezwitscher vortrefflich von all dem Evita-Überfluss.

› Lafinur 2988 (Ecke Juan Maria Gutiérrez), www.museoevita.org, Tel. 48070306, Di.–So. 11–19 Uhr, Eintritt: 25 Pesos, Subte D: Scalabrini Ortiz, Colectivos 10, 15, 64, 110, 128, 188

❸❾ Jardín Botánico ★★   [bi]

Es ist ein verwunschener Garten mitten in der Stadt, bevölkert von **Katzen.** Katzen spazieren am Rand des Bassins voller Seerosen, Katzen räkeln sich neben den Holzbänken auf roten Wegen. Sie dösen im Schatten der Jacaranden und schleichen um die bemoosten Skulpturen.

Doch auch für Menschen ist der Botanische Garten eine Oase. Nur die Vögel, die mögen in den Bäumen nicht nisten.

Wie so viele andere Parks und Grünflächen hat Landschaftsgärtner **Carlos Thays** auch den Botanischen Garten geschaffen. Auf knapp 8 Hektar Land ließ er die Pflanzen **nach Kontinenten** anlegen. Nach sechs Jahren Werkelei wurde der Botanische Garten am 7. September 1898 für das Publikum eröffnet. Sehenswert ist auch der schöne **Jugendstilwintergarten,** der angeblich der letzte seiner Art sein soll. 1900 auf der Weltausstellung in Paris ausgezeichnet, wurde er danach in Einzelteile zerlegt und nach Buenos Aires verfrachtet. Die alte **Villa** daneben entstand schon 1881. Hier lebte Thays mit seiner Familie, als der Park noch nicht öffentlich zugänglich war.

› Avenida Santa Fé 3951, www.buenos aires.gob.ar/jardinbotanico, Tel. 48314527, Di.–Fr. 8–17.45 Uhr, Sa./ So. 9.30–17.45 Uhr (im Sommer bis 18.45 Uhr), Subte D: Plaza Italia oder Scalabrini Ortiz

❹❶ Jardín Zoológico ★★   [bi]

Die Elefanten wandern vor einem indischen Palast aus dem Jahr 1904 auf und ab. Die Giraffen knabbern bei einem Häuschen mit arabischen Bögen an den Bäumen. **2500 Tiere** leben auf 18 Hektar Fläche in einem **Fantasiereich.** Im Jahr 1892 angelegt, ist der Zoo typisch für das Fin de Siècle: Der Platz der Tiere ist arg begrenzt, die Märchenbauten sollen an die Herkunft der lebenden Ausstellungsstücke erinnern. Der Kondorkäfig stand

044ba Abb.: mc

◁ *Im Zoo leben die Elefanten in einem indischen Palast*

übrigens 1903 noch festlich beleuchtet auf der Plaza de Mayo. Glücklicherweise ist der Zoologische Garten neu strukturiert und der Tiger aus seinem engen Gemäuer mit dem hohen Bogenfenster in größere Gefilde entlassen worden.

Mit seinen kleinen Gewässern, der Cafetería und dem Karussell ist der Park für kleine und für große Porteños ein beliebter Ausflugsort. Vor dem Eingang an der Avenida Las Heras stehen neben einem Karren mit Zuckerwaren und Luftballons auch die *mateos*, **Pferdekutschen**, die ihre Gäste auf einer romantischen Spazierfahrt durch den wildesten Metropolenverkehr schaukeln.

> Avenida Sarmiento (Ecke Avenida La Heras), Tel. 40119900, www.zoobuenos aires.com.ar, Di.–So. 10–18 Uhr, Einlass bis 17 Uhr, Eintritt: 30 Pesos, Subte D: Plaza Italia, Colectivos 12, 29, 39, 41, 59, 64, 141, 152

Der französische Gärtner

Er prägte das Gesicht von Buenos Aires: **Charles Thays**, *1849 in Paris geboren. Mit 40 Jahren reiste der* **Landschaftsgärtner** *nach Argentinien, um in Córdoba einen Park anzulegen. Er verliebte sich in das Land, blieb und nannte sich fortan* **Carlos Thays**. *1891 wurde er Direktor für Parks und öffentliche Flächen in Buenos Aires. Er sorgte dafür, dass die Avenidas mit Jacaranden bepflanzt wurden und er gestaltete unzählige Parks und Plätze, darunter die Plaza de Mayo und die Plaza del Congreso, den Parque Lezama und den Parque Centenario. „Das Glück", so war sein Credo, „nistet eher im edlen Grün als im Edel ohne Grün". Thays starb am 31. Januar 1934 in Buenos Aires.*

🔴 Parque Tres de Febrero ★★ [bh]

„Helaaadoooos, helaaadoooos", ruft der Eisverkäufer. Ein paar Meter weiter bieten Buden von der eisgekühlten Limonade bis zur frisch gegrillten Wurst allerlei Leckereien. Lachend kurven Kinder in Tretautos die – meist – autofreie Straße im Park entlang und zwei Verliebte rauschen Hand in Hand auf Rollerblades vorbei. Auf dem Rasen picknicken Familien und Freunde und über den kleinen **See** dahinter schaukeln bunte Tretboote. Auf insgesamt 25 Hektar **erholt sich hier am Wochenende Buenos Aires.**

Der Name des Parks erinnert an den 3. Februar 1852, als der Diktator **Juan Manuel de Rosas** die Schlacht von Caseros und damit seine Macht verlor. Nach seinem Sturz wurde sein weitläufiges Grundstück ent-

eignet und man beschloss, einen öffentlichen Park daraus zu machen. 1874 wurden die Arbeiten dazu begonnen und der Park ein Jahr später eingeweiht. Der wirtschaftliche Aufschwung zu Beginn des 20. Jahrhunderts ermöglichte es, den Park auszubauen und noch schöner und noch größer zu gestalten. Verwirklicht hat das **Carlos Thays** in zehnjähriger Arbeit bis 1912.

Herzstück des Parks ist „El Rosedal". In diesem 34.000 m² großen **Rosengarten** werden 1189 verschiedene Rosenarten gepflegt. Schattige Laubengänge und ein kühler *patio andaluz*, ein maurischer Pavillon mit plätscherndem Brunnen, laden zu verträumten Stunden ein.

> Avenida del Libertador (Ecke Avenida Sarmiento), Rosengarten tgl. 9–18 Uhr (Sommer 8–20 Uhr), Colectivos 10, 34

42 Planetario Galileo Galilei ★ [ch]

In einem vom Verkehr umtosten Ödland taucht plötzlich eine **Riesenkugel auf drei Stelzen** auf: das Planetarium von Buenos Aires. Der futuristische Bau verströmt den Charme einer Zukunftsvision aus den 1960er-Jahren. Kein Wunder, die Bauarbeiten begannen 1962. Am 20. Dezember 1966 wurde das Planetarium eingeweiht. Der argentinische Architekt Enrique Jan behauptet, es sei „eines der wenigen Gebäude der Welt, das auf Grundlage eines gleichseitigen Dreiecks entworfen wurde". Ganzer Stolz ist der nagelneue Sternenprojektor Megastar II A, der die frisch renovierte Kuppel in ein Sternenzelt verwandelt.

Das Gebilde auf dem Vorplatz ist übrigens ein 1530 kg schwerer **metallischer Meteorit**, der 1965 in der Provinz Chaco gefunden wurde.

❯ Avenida Sarmiento (Ecke Belisario Roldán), Tel. 47719393, www.planetario.gov.ar, Vorführung „Reise zu den Sternen": Di.–Fr 13 u. 16 Uhr, Sa./So. 14, 17.30, 18.30 Uhr, Tickets Di.–Fr. ab 9.30 Uhr, Sa./ So. ab 11.30 Uhr, Eintritt: 30 Pesos, Colectivos 37, 130, 160

43 Hipódromo ★★★ [bh]

Es riecht nach Pferd, Schweiß und Tabak. Im Schatten der Platanen stützen sich Männer auf das Geländer und begutachten – Stift und Papier in der Hand – die Pferde, die nach und nach vorgeführt werden. Zehn Minuten später gehen sie an die Schalter und setzen: 10 Pesos, 100 Pesos, 1000 Pesos – was die Börse hergibt. Zwanzig Minuten später galoppieren die Pferde die Zielgerade entlang. Der Adrenalinspiegel steigt, die Menschen schreien und ächzen, stöhnen und jubeln. Hier stehen Existenzen auf dem Spiel.

„Turf" (Pferderennen) ist eine der großen Leidenschaften der Porteños. Die **Pferderennbahn** ist deshalb einer der unterhaltsamsten Orte der Metropole. Hierher kommt ein buntgemischtes Völkchen: Rentner und Angestellte, Eltern mit Kindern, Bonzen und Hungerleider fiebern Rennen für Rennen mit. Die Strecke ist 2400 m lang und eine der bekanntesten Galopprennbahnen im Land.

Eröffnet wurde das Hipódromo am 7. Mai 1876. 10.000 Menschen sollen damals dabei gewesen sein. Auch der Überheld der Nation, Carlos Gardel, war vernarrt ins Pferderennen und ein ständiger Gast an diesem Ort. Im Tangohit „Leguisamo solo" besang er seinen Freund, den **Jockey Irineo Leguisamo**, den besten Jockey aller Zeiten, der mehr als 3200 Rennen gewann. Leguisamo ist übrigens immer noch dabei: Seine goldene Büste steht am Kopfende des Führrings.

Ist ein Rennen vorbei und die Spannung hat sich entladen, dann ist eine halbe Stunde Ruhe, bis der nächste

◁ *Charmante Zukunftsvision aus den 1960er-Jahren: das Planetarium*

045ba Abb.: mc

046ba Abb.: mc

Polomeister in Palermo

Polo, der Inbegriff der Exklusivität, ist in Buenos Aires populär. Alljährlich im Dezember findet auf dem **Campo Argentino de Polo** [ah] vor einer beeindruckenden Hochhausskyline die **argentinische Polomeisterschaft**, das Campeonato Argentino Abierto, statt. Den Wettkampf gibt es schon seit 1893. Und nicht nur Reiche und Snobs jubeln dabei den vier Spielern – meist Brüdern – der Mannschaften zu. Mit ungeheurer Eleganz und Virtuosität versuchen die Reiter den Ball mit ihrem Schläger im gegnerischen Tor zu platzieren. Die Spiele sind enorm temporeich, die Pferde ungemein wendig. Nach einem sieben Minutenabschnitt, einem **chukka,** werden die Tiere deshalb gewechselt, das macht Polo so teuer. Zwischen 10 und 18 Pferde braucht ein Spieler und meist ist er selbst der Eigner. Die argentinischen Polospieler sind seit langem die besten der Welt. Das bezeugt auch die 80 Jahre alte deutsche Eiche, die umzäunt auf dem Gelände des Poloplatzes steht: 1936 brachte das Olympische Team den Baum mit der Goldmedaille nach Hause.

❯ www.poloargentino.co

Durchgang startet. Wieder werden die Pferde im Führring taxiert, ein Schauspiel, das man sich nicht entgehen lassen sollte. Danach ist immer noch Zeit für ein Eis oder ein *pancho,* das argentinische Hotdog. Wer genug vom Mitfiebern hat, geht in die *confitería* und trinkt einen Milchkaffee.

Montags finden zwischen 15 und 22 Uhr 14 **Pferderennen** statt, freitags und samstags (abwechselnd) geht es ab 14 Uhr los und einmal im Monat am Sonntag. Infos kann man eine Woche vorher von der Website des Hipódromo herunterladen, das übrigens – wie so vieles andere unter der Präsidentschaft von Menem – 1992 privatisiert wurde.

❯ Avenida del Libertador 4101 Ecke Av. Dorrego, Tel. 47782800, www.palermo. com.ar, Zug (TBA) ab Retiro bis zur Station 3 de Febrero, Colectivos 10, 34, 130, 160, 166

🔼 *Die wichtigsten Polomeisterschaften der Welt werden alljährlich in Palermo ausgetragen*

Rund ums Barrio Once

㊹ Barrio Once ★   **[ck]**

Das Once-Viertel ist quirlig und lebendig. Fliegende Händler breiten Uhren und Socken auf den Bürgersteigen aus, dazwischen drängen sich Menschen, die in den schmalen Läden günstig T-Shirts, Schuhe und Unterwäsche einkaufen. Am dichtesten ist das Gewühl rund um das gelbe Bahnhofsgebäude aus dem Jahr 1896. Von der **Estación Once de Septiembre**, einem der drei zentralen Kopfbahnhöfe von Buenos Aires und benannt nach dem Aufstand der Provinz Buenos Aires am 11. September 1852 gegen die förderale Regierung Urquizas, fuhren einstmals Züge nach Mendoza. Doch nach der Privatisierung 1992 unter Menem wurde der Schienenverkehr stark eingeschränkt. Trotz eines „Megaplanes Eisenbahn" der Regierung Kirchner aus dem Jahr 2006 verfällt das Schienennetz aus Kostengründen immer mehr. Und so geht es von hier aus nur noch bis zum Wallfahrtsörtchen Luján.

Das Barrio Once ist ein **ehemals jüdisches Viertel**. Heute wohnen Tür an Tür mit den alteingesessenen Juden viele **Koreaner**, die wie die Juden

Der Königsweg: Avenida Rivadavia

In dieser an Superlativen so reichen Stadt trägt die Avenida Rivadavia den Titel **„Längste Stadtstraße der Welt"**. Als „Camino Real" (Königsweg) führte sie im Jahr 1782 über 1000 km bis nach Mendoza. Ihren heutigen Namen erhielt sie 1857 zu Ehren **Bernardino Rivadavias,** der Führer in den Unabhängigkeitskriegen und 1826/27 kurz eine Art erster Präsident Argentiniens war.

Heute erstreckt sich die Avenida Rivadavia über rund 40 km nach Westen bis Merlo und führt als Ruta Nacional 7 am Wallfahrtsort Luján vorbei immer weiter nach Westen. Die Straße teilt Buenos Aires in eine Nord- und eine Südhälfte: Straßen, die die Avenida durchschneidet, tragen nördlich einen **anderen Namen** als südlich, und alle **Hausnummern** fangen hier bei Null an.

Die „Längste Stadtstraße der Welt" beginnt großräumig an der schönen Plaza de Mayo ❶, um dann schmal und unscheinbar im Schatten der glanzvollen Avenida de Mayo zu verlaufen – bis zur Plaza del Congreso ⓰. Dann beginnt ihr Leben: Die Straße wird breiter und lichter und hinter dem Kongresspalast ⓱ bietet sie alles, was der Mensch so braucht, vom Supermarkt zum Papierwarenladen, vom Friseur bis zum Blumenstand. Langsam gerät der Fußgänger in das Gedränge der **fliegenden Händler,** die am Rand des Bürgersteigs Wecker, Regenschirme und Socken ausbreiten, während andere Handzettel verteilen, die für Prothesen oder einen Anwalt werben. An der Kreuzung zur Avenida Pueyrredón, die direkt ins Herz des **Barrio Once** ㊹ führt, ist das Gewühl am größten.

Während es auf der Rivadavia immer weiter geradeaus geht, vorbei an der ärmlich-kahlen Plaza Miserere hin zu den Wohnvierteln Flores und Floresta, stürzt sich der Besucher ins Getümmel der Avenida Pueyrredón.

in der Textilbranche ihren Unterhalt verdienen. Rund 240.000 Juden leben in Buenos Aires. Nach New York ist das die zweitgrößte jüdische Gemeinde außerhalb Israels. Die große Mehrheit besteht aus Osteuropa eingewanderten Aschkenasen. Im Jahr 1894 wurde die AMIA, die **Asociación Mutual Israelita Argentina**, gegründet, eine Vereinigung zur Förderung jüdischen Lebens in Argentinien. Ihren offiziellen Sitz hat sie im Haus mit der Nummer 633 in der Straße Pasteur.

Im 100. Jahr ihres Bestehens wurde am 18. Juli 1994 ein Attentat auf die AMIA verübt: Ein Lieferwagen mit 300 kg Sprengstoff explodierte und riss 85 Menschen in den Tod. Von der Straße her nicht sichtbar, ist den Opfern des Anschlags an der Stelle ein Denkmal gewidmet.

Zehn Jahre später ereignete sich im Once-Viertel eine zweite, ganz anders geartete Katastrophe: Am 30. Dezember 2004 brach in der **Großraumdiskothek República Cromañón** ein **Brand** aus und 194 Besucher, darunter viele Kinder, kamen ums Leben. Die Ursache des Desasters war ein Feuerwerkskörper. Dass die Zahl der Opfer so hoch war, lag aber an der kompletten Überfüllung der Disco, nicht eingehaltenen Brandschutzbestimmungen, verschlossenen Fluchtwegen und daran, dass über all dies mithilfe von Bestechung großzügig hinweggesehen worden war. Am Ort des Unglücks, beim Bahnhof an der Ecke der Straßen Mitre und Ecuador, richteten Nachbarn und Angehörige eine **Gedenkstätte** ein, mit Fotos, Turnschuhen und T-Shirts der Opfer, deren Namen und der Forderung nach Gerechtigkeit.

❯ Subte A: Plaza Miserere,
Subte B: Pueyrredón

Die Glückszentrale

„Ein einzigartiger Ort, an dem alle gewinnen", verspricht eine Reklametafel. Das **Bingo Congreso** ist einer von von fünf Spielsälen dieser Art in Buenos Aires Capital. Hier lässt sich gut ein verregneter Nachmittag vertrödeln – über 1000 Besucher tun das Tag für Tag.

Doch hauptsächlich treffen sich die Rentner des Viertels in dieser Zentrale des Glücks. Konzentriert schauen sie auf die vor sich ausgebreiteten Zettel mit den Zahlenreihen. In einem Käfig am Rand wirbeln die Lottokugeln auf und ab. Jede Sekunde wird eine Zahl gezogen und flugs auf dem Zettelchen durchgestrichen. Ist eine Reihe komplett, können die Spieler mit dem Ruf „Linea!" ein paar Pesos gewinnen. Alle aber hoffen auf den Bingo, den seltenen Glücksfall, wenn sämtliche Zahlen auf einem Zettel durchgekreuzt sind.

Kellner in roten Westen huschen durch die Stille und bringen Cola und Schnitzel, Losverkäufer versorgen die Spieler mit Nachschub an Zahlenzetteln. „Bingo!!!!", krächzt plötzlich eine alte Dame, die anderen schauen bewundernd. Es ist ihr Tag. Die Aufregung legt sich schnell. Das Spiel geht weiter.

● **105** [A5] **Bingo Congreso,** Rivadavia 2250 (Ecke Pasco), Tel. 49510810, geöffnet täglich 10–6 Uhr, Subte A: Pasco/Alberti

🆕 Casa Carlos Gardel ⭐ [ck]

In diesem schmalen Haus wohnte der ewige Junggeselle **Carlos Gardel** (s. S. 111) sechs Jahre lang mit seiner Mutter Berthe. In den Kneipen des Abasto-Viertels hatte der schon zu Lebzeiten legendäre Sänger seine ersten Auftritte. 1927, als er im Alter von 36 Jahren auch international bekannt wurde, kaufte der *morocho del*

Abasto dieses Haus. Seit März 2003 sind die Räume Gardels Lebenswerk gewidmet. Wer eine für Buenos Aires typische alte *casa chorizo* (ein Haus, schmal und langgestreckt wie ein „Würstchen") kennenlernen möchte, dem sei ein Blick ins Innere empfohlen: Patio, Küche und Bad lassen frühere Zeiten erahnen. Ansonsten lohnt ein Besuch hauptsächlich für eingefleischte *gardelianos:* Wer Gardels berühmten **Poncho** sehen möchte, an alten **Schallplatten, Partituren** und **unbekannten Fotos** der argentinischen Ikone interessiert ist, muss herkommen. Der begeisterte Sammler Bruno Cespi hat viele Reliquien zur Verfügung gestellt.

❯ Jean Jaures 735 (Ecke Tucumán), Tel. 49642015, www.museos.buenosaires. gov.ar/gardel.htm, Mo., Mi., Do., Fr. 11–18 Uhr und Sa./So. 10–19 Uhr, Eintritt: 5 Peso, Mi. frei, Subte B: Carlos Gardel, Colectivos 29, 41, 64, 68, 118, 140, 142, 168, 188

46 Mercado de Abasto ⭐ [ck]

Das modernistische Art-déco-Gebäude des Mercado de Abasto wurde 1934 eingeweiht. Das Bauwerk mit den fünf mächtigen Bögen beherbergte damals den wichtigsten Großmarkt in Lateinamerika. Fünfzig Jahre später wurde er geschlossen. 1998 entkernte man das alte Markthallen-

gebäude und richtete im Jahr 2000 darin die gigantische **Ladenpassage Abasto Shopping Center** auf vier Ebenen ein. Mehr als 230 Geschäfte finden sich hier, dazu Restaurantbetriebe, ein Dutzend Kinosäle, ein Spielplatz, eine Kirmes mit Karussell und Schießständen und eine Freifläche, die an regnerischen Tagen ein beliebter Treffpunkt ist. Die wuchtige Fassade des alten Gebäudes beherrscht die Straße Corrientes wie ehedem. Die erste Markthalle stand hier übrigens schon 1890, sie gab dem Stadtteil den Namen Abasto, Großmarkt.

❯ Corrientes 3247 (Ecke Aguero), Tel. 49593400, www.abasto-shopping. com.ar, Geschäfte tgl. 10–22 Uhr, Essen tgl. 10–24, Fr./Sa. 10–2 Uhr, Subte B: Carlos Gardel, Colectivos 24, 146, 168

47 Parque Centenario ⭐⭐ [ak]

Der „Park der Hundertjahrfeier" ist einer der größten Parks in Buenos Aires und einer der schönsten. Vielleicht, weil er kreisrund ist – für das aus Planquadraten bestehende Buenos Aires eine ausgesprochen ungewöhnliche Form.

Der Park im Viertel Caballito wurde vom französischen Landschaftsarchitekten **Carlos Thays** (s. S. 103) entworfen und 1910 zur ersten Hundertjahrfeier der Mairevolution eingeweiht. Hier blühen Oleander, Hibiskus und der *palo boracho* (der „betrunkene Stock"), ein dickbauchiger, stacheliger Baum mit lilienartigen Blüten. Ein Puppenspieler zieht mit seiner stummen Geschichte Groß und Klein in Bann. Andere haben sich ein schattig-kühles Plätzchen gesucht und schauen den Wasserfontänen zu, die glitzernd in den Himmel sprudeln. An einer Ecke verkauft eine Peruanerin kalte Getränke, ein paar Me-

Rauchen mit Gardel
Einmal Carlos Gardel besuchen und schauen, ob die Zigarette zwischen seinen Bronzefingern noch glüht. Nur fünf Stationen von Abasto entfernt, befindet sich der Friedhof **Chacarita** 49 mit dem Grab des über alle Maßen verehrten Sängers (Subte B: Federico Lacroze).

047ba Abb.: mc

ter weiter beim Karussell hat die Zuckerwatteverkäuferin ihren Stand. Und abends gibt das Ballettensemble des Colón im **Amphitheater Eva Perón** (Leopoldo Marchal, Ecke Lillo) nebenan eine Gratisvorstellung.

› Subte B: Angel Galliardo, Colectivos 19, 24, 36, 57, 99, 106, 110, 124, 141

48 Museo de Ciencias Naturales ★★ [ak]

Das **Naturwissenschaftliche Museum** ist besonders für Dino-Fans geeignet: Denn die argentinischen **Dinosaurier** – das weiß jedes argentinische Kind – sind die größten der Welt! Auf zwei Ebenen wird die Flora und Fauna des Landes gezeigt. Und natürlich Prähistorisches aus der argentinischen Pampa: Der 15 Meter lange Patagosaurus ist dabei und Glyptodonten, die frühen Bewohner von Buenos Aires.

Die Idee, ein Naturwissenschaftliches Museum zu bauen, geht auf **Bernardino Rivadavia** zurück, den Führer in den Unabhängigkeitskriegen. Er war schon 1812 der Meinung, dass man die Naturgeschichte des Landes in Buenos Aires zusammentragen sollte. Die Sammlung zog zunächst von Ort zu Ort, in den 1930er-Jahren baute man ihr dieses Gebäude. Eigentlich sollte es ein Teil eines riesigen, halbmondförmigen Museumskomplexes werden, der allerdings – wie vieles andere in dieser Stadt – nie verwirklicht wurde.

› Angel Galliardo 490 (Ecke Leopoldo Marchal), Tel. 49826595, www.macn. gov.ar, tgl. 14–19 Uhr, Eintritt: 10 Pesos, Subte B: Angel Galliardo, Colectivos 19, 24, 36, 99, 124, 141, 146

◹ *Im Parque Centenario kann man zwischen Fontänen und Puppenspielern die Zeit verträumen*

Entdeckungen am Rand des Zentrums

49 Cementerio de Chacarita ★★

Chacarita ist ein bescheidenes und ruhiges Viertel rund 8 Kilometer vom Obelisken **20** entfernt am anderen Ende der Avenida Corrientes. In den letzten Jahren ist es immer beliebter geworden und seit Neuestem gibt es auch in Chacarita schicke **Cafés** und **Restaurants**.

Früher gehörte die Gegend den **Jesuiten**, die hier kleine Höfe hatten, die *chacaras* genannt wurden. Nachdem sie 1767 des Landes verwiesen wurden, verbrachten die Studenten der königlichen Schule ihre Sommerfrische hier. Auf dem Gelände des Parque Los Andes befand sich einstmals der alte Friedhof, der 1867 durch die Cholera überfüllt war. Nur vier Jahre später brach die nächste Epidemie aus: das Gelbfieber. Aus Platznot entstand der **Cementerio de Chacarita**, der mit 95 Hektar Fläche heute einer der größten Friedhöfe der Welt ist. Sein Eingang befindet sich nur ein paar Schritte entfernt vom lebhaften Bahnhof Federico Lacroze mit seinen fliegenden Händlern und großen Pizzerien. Hinter der imposanten lachsfarbenen Säulenhalle brennt die Sonne auf breite, stille Alleen und schmale Gassen, an deren Säumen sich dicht an dicht die Mausoleen drängen.

Eingeweiht wurde der Friedhof am 14. April 1871: Der Maurer Manuel Rodriguez war der erste, der hier bestattet wurde. Allein in jenem Jahr sollten ihm durch die **Gelbfieberepidemie** 15.000 Menschen folgen. Zeitweilig mussten in Chacarita täglich über 500 Leichen verbrannt werden und wegen mangelnder Hygiene starben etliche Friedhofsarbeiter.

Mehr als ein Friedhof ist Chacarita heute ein Nationaldenkmal. Hier sind die bekanntesten argentinischen Künstler des 20. Jahrhunderts und die berühmtesten Sportler begraben – vom Maler Benito Quinquela Martín bis zum Jockey Irineo Leguisamo. Das Grab von **Juan Perón** aber ist leer. Die sterblichen Überreste des Präsidenten wurden 2006 in ein eigenes Mausoleum nach San Vincente gebracht – übrigens ohne seine Hände, die waren dem Leichnam 1987 geraubt worden, angeblich, so die Verschwörungstheoretiker, weil auf seinem Fingerring die Nummer eines geheimen Kontos in der Schweiz eingraviert war.

Das meist besuchte Grab auf dem Friedhof ist das von **Carlos Gardel** (s. S. 111, vom Haupteingang aus: links bis Galeria 10, dann rechts einbiegen). Seine lebensgroße Statue hält immer eine brennende Zigarette zwischen den Bronzefingern. Selbstverständlich ist es verboten, auf den Grabmälern herumzuklettern. Dennoch: Gardel bekommt seine Zigarette und frische Blumen dazu. An seinem Todestag, dem 24. Juni, pilgern noch immer viele Menschen hierher. Aber auch an seinem Geburtstag, dem 11. Dezember, treffen sich die eingefleischten *gardelianos* vor seinem Grab und bringen ihm ein Ständchen dar.

▷ *Zu seinem Geburtstag und zum Todestag bringen Gardelianos ihrem Idol ein Ständchen dar*

Geliebter Gardel

In jedem Zeitungskiosk lacht sein Gesicht dutzendfach von Postkarten und Postern: Carlos Gardel ist die Ikone der Porteños. Er verkörpert wie kein anderer den **argentinischen Traum** *- vom Einwanderer zum Weltstar. Eine Spitzenleistung wird deshalb mit einem bewundernden „Sos Gardel!" („Du bist Gardel!") gelobt.*

Carlos Gardel wird - wahrscheinlich - als Charles Romuald Gardés am 11. Dezember 1890 in Toulouse geboren, doch weder Datum noch Ort sind sicher. Sein Vater ist unbekannt, seine Mutter Berthe wandert mit dem Zweijährigen nach Buenos Aires aus und schlägt sich im Abasto-Viertel als Wäscherin durch. Sobald Charles groß genug ist, hilft er beim Geldverdienen. Beim Kulissenschieben wird sein Gesangstalent bemerkt.

Mit 17 Jahren beginnt er, in den Kneipen seines Viertels aufzutreten. Die Leute nennen ihn **El Morocho del Abasto** *und sie lieben ihn. Sie lieben seine Stimme, die so sinnlich ist und so ausdrucksstark.* **El Zorzal Criollo** *(„Die kreolische Drossel") wird sein zweiter Kosename.*

Nur zehn Jahre später, im Jahr 1917, schreibt Carlos Gardel, wie er sich jetzt nennt, Tangogeschichte. Er schafft mit dem Tangolied „Mi noche triste" („Meine traurige Nacht") ein neues Genre: die **Tangopoesie.** *1925 ist Gardel als Tangosänger in ganz Lateinamerika bekannt, 1928 erobert er Paris, danach New York. Die Herzen der Frauen hat er schon lange gewonnen. „Aufgrund meines Werdegangs", gibt er allerdings zu, „bin ich kein Anhänger der Ehe". In den 1930er-Jah-*

ren dreht der ewige Junggeselle einen Film nach dem anderen. In Argentinien, in Frankreich, in den USA. Mit Paramount wird er endgültig zum **Filmstar.** *Nein, zum* **Weltstar!**

Schließlich tourt Carlos Gardel nach Kolumbien. Am 24. Juni 1935 singt er in Medellín sein letztes Lied: „Mi Buenos Aires querido " („Mein geliebtes Buenos Aires"). Dann **kracht sein Flugzeug in ein anderes.** *Das Idol der Argentinier ist tot. Ein Volk ist verzweifelt. Er war doch einer von ihnen! Tausende begleiteten seinen Sarg durch die Straßen zum Friedhof nach Chacarita* **49** *und aus den Fenstern regnen Blumen.*

Bis heute weigern sich die Argentinier zu glauben, dass Carlos Gardel wirklich tot ist. „Er singt jeden Tag besser", sagen sie und stecken ihm lächelnd eine Zigarette zwischen seine Bronzefinger. Und Gardel lächelt still zurück.

Auf der anderen Seite des Friedhofs haben sich auf ein paar Quadratmetern im **Rincón de los Notables** bedeutende Künstler, darunter viele Tangomusiker, versammelt. Ein halbes Orchester steht hier in Bronze gegossen: Aníbal Troilo hält sein Bandoneon auf den Knien, neben ihm Agustín Magaldi, die Gitarre in der Hand, während Osvaldo Pugliese an einem Flügel sitzt. Die meisten Künstler aber sind im **Pantheon der SADAIC** (Sociedad Argentina de Autores y Compositores), dem argentinischen Autoren- und Komponistenverband, begraben. In diesem Ehrentempel sind die wichtigsten **Protagonisten der Tangogeschichte** versammelt: Die Ruhestätten der Orchesterleiter Alfredo de Angelis, Osvaldo Fresedo und Ricardo Malerba, des Tangodichter Enrique Santo Discepolo, des Sängers Roberto ‚El Polaco' Goyeneche und vieler mehr befinden sich hier.

Die Gräber sind bei den insgesamt 10.000 Krypten und 350.000 Grabnischen nicht immer leicht zu finden, aber jeden 2. und 4. Samstag im Monat gibt es um 10 Uhr Gratisführungen, die auch den Pantheon der SADAIC besuchen.

> Avenida Guzman 680 (Haupteingang), www.cementeriochacarita.com.ar, Tel. 0800 4442363, tgl. 7–17 Uhr, Subte B: Federico Lacroze, Colectivos 19, 39, 65, 71, 93, 111, 127, 151, 168

⑤⓪ Mataderos ★

Lange Zeit fungierte Mataderos als Nahtstelle zwischen Stadt und Pampa. Das **Viertel** war ein **Marktplatz für Agrarprodukte,** vor allem für Fleisch. Daher hat der Stadtteil auch seinen Namen: *Matadero* bedeutet übersetzt **Schlachthof** und diese Aufgabe erfüllte das *barrio* jahrzehntelang. Zeitweise wurde ein Fünftel der Rinder aus ganz Argentinien hier geschlachtet.

Viele Gauchos, die ihre Lebensgrundlage in der Pampa verloren hatten, suchten an der Wende zum 20. Jahrhundert Arbeit auf den Schlachthöfen der Stadt. Der größte lag in Nueva Chicago, wie Mataderos noch bis 1968 genannt wurde – schließlich war das Vorbild Chicago berühmt für seine fleischverarbeitende Industrie. Der Grundstein für den seinerzeit modernsten argentinischen Schlachthof wurde 1889 gelegt, das erste Tier am 21. März 1900 geschlachtet.

Den Schlachthof gibt es seit 1981 nicht mehr. Mataderos, an der äußeren östlichen Ecke der *Capital Federal* gelegen, ist heute eine **industriell geprägte Gegend**, durch die

Von Gauchos und der Pampa

Der Gaucho verkörpert das Argentinische schlechthin. Bevor die Großgrundbesitzer ihre Ländereien einzäunten, zog er mit seinen Rindern in der Pampa umher: frei und stolz und immer zu Pferd. Er lieferte den Stoff für das **Heldengedicht,** *das zum Nationalepos der Argentinier werden sollte: „Der Gaucho Martín Fierro", dessen erster Teil 1872 erschien. José Hernández erzählt darin die Lebensgeschichte eines Gaucho, der durch Willkür und Betrug seine Ranch und seine Familie verliert und zu einem getriebenen Heimatlosen wird.*

In deutscher Übersetzung ist das Buch im ABRAZOS-Verlag erschienen, der auch eine Buchreihe zum Thema Tango herausgibt (www.abrazosbooks.com).

Folklore unter freiem Himmel: Feria de Mataderos

Auch wenn die Pampa weit weg ist, der kleine Platz vor dem Gutshaus verströmt ein geradezu ländliches Flair. Holzkohlerauch und der Duft von gegrilltem Fleisch hängen in der Luft. Folkloremusik schwebt über der Menge. Einmal in der Woche verwandelt sich dieses Fleckchen in das allerschönste argentinische **Freiluftspektakel.** Frauen und Männer stehen einander in langen Reihen gegenüber, klatschen den Rhythmus der Musik, heben die Arme und umkreisen sich tanzend in einer **Chacarera.** Ein alter Mann in pludrigen Gauchohosen, mit Halstuch und speckigem Hut schaut zu. Etwas weiter hinten preschen Reiter auf ihren Pferden den Weg entlang. Im Sattel stehend versuchen sie, im Galopp einen kleinen Ring, der hoch über ihnen an einer Leine hängt, mit ihrem Messer aufzufädeln: **Carrera de sortija,** Ringrennen, wird die Geschicklichkeitsprobe genannt.

Zur anderen Seite hin stehen über 300 Stände mit **Kunsthandwerk,** Mategefäßen und Silberschmuck, mit Ledertaschen, bunten Ponchos und Decken, an denen sich einträchtig Einheimische und Touristen vorbeischieben. Entlang den Hauswänden reihen sich **Holzkohlegrills** aneinander, auf denen Unmengen von **Würsten** und **Steaks** brutzeln, aber auch **chicholines** (gerollter Darm) und **morcillas** (Blutwürste).

Die Feria de Mataderos (s. S. 21) sei 1986 geschaffen worden, um „unsere kulturellen Wurzeln zu verbreiten", sagt die Organisatorin Sara Vinocur. „Es ist der einzige Ort, wo sich Stadt und Land vermischen, Tradition und Industrie. Dieser Ort ist eine Brücke zwischen Vergangenheit und Gegenwart." Und es ist einer der schönsten Orte in Buenos Aires, um entspannt einen Tag mit Musik und Tanz, Essen und Trinken, Gucken und Stöbern zu vertrödeln.

056ba Abb.: ag

Schwertransporter jagen. Doch das Viertel hält seine Verbindung zur Vergangenheit und zur Pampa aufrecht. Auf dem **Mercado de Liniers**, dem größten Viehmarkt der Welt (Lisandro de la Torre 2406, Ecke Avenida de los Corrales), werden jeden Morgen zwischen 7.30 und 10.30 Uhr im Rekordtempo 9000 Tiere versteigert (www.mercadodeliniers.com.ar). Und einmal in der Woche gibt es vor den Toren des Viehmarktes die herrliche **Feria de Mataderos**, einen Kunsthandwerkermarkt samt Gauchospielen und Folkloretänzen (s. S. 113).

Im alten Verwaltungsgebäude des Schlachthofes (Avenida de los Corrales 6476/Timoteo Gordillo) ist seit 1964 das **Museo Criollo de los Corrales** untergebracht. Hier kann man sonntags zwischen 12 und 18 Uhr alte Werkzeuge und Spiele begutachten, die die Gauchos bei der Arbeit und in ihrer Freizeit benutzt haben.

Fußballfans gehen zum 1902 gegründeten Klub **Atlético Nueva Chicago** (Lisandro de la Torre 2310), gleich nebenan wird im **Centro Social Nueva Chicago** (Lisandro de la Torre 2319) samstags ab 22 Uhr unter Neonröhren zu Tango und Tropical getanzt.

❯ Colectivos 36, 55, 63, 80, 92, 103, 117, 126, 141, 155, 180, 185

△ *Grillen auf der Fería de Mataderos: Zubereitet wird alles, was das Rind hergibt.*

Praktische Reisetipps

005ba Abb.: mc

An- und Rückreise

Internationale Flüge aller großen Airlines landen auf dem **Flughafen „Ministro Pistarini" in Ezeiza**, der rund 30 Kilometer von der Innenstadt entfernt liegt.

Es gibt zwei Transfermöglichkeiten, um von dort in die Stadt zu kommen. Die Fahrt mit dem **Bus** des Unternehmens Manuel Tienda León, der halbstündlich vor dem nur wenige Schritte entfernten Terminal B abfährt, kostet rund 15 €, die man wahlweise in argentinischen Pesos, in Euro oder in Dollar bezahlen kann. Er bringt die Reisenden bis zu seiner Zentrale in der Nähe des Retiro-Bahnhofs und von dort in Kleinbussen zu den persönlichen Zielen im Zentrum
❭ **Infos:** www.tiendaleon.com.ar

Etwas teurer ist eine Fahrt mit dem **Taxi**, das direkt in der Ankunftshalle an einem Stand für rund 30 € gebucht werden kann. Es ist nicht ratsam, die etwas günstigeren Privatautos zu nutzen, die mit dem Ruf „Taxi, Taxi, Taxi" angeboten werden: Überfälle auf Reisende sind in den letzten Jahren häufiger geworden. Wer viel Zeit hat und es abenteuerlich mag: Mit dem **Colectivo 8** *(amarillo)* kann man in zwei Stunden für 9 Pesos ins Zentrum fahren.
❭ **Aeropuerto Internacional de Ezeiza** „Ministro Pistarini", Tel. 54806111, www.aa2000.com.ar

Überlandbusse, z. B. nach Santiago de Chile, starten beim **Busbahnhof** in Retiro, der neben dem Kopfbahnhof Terminal Retiro liegt.
● **106** [E1] **Terminal de Ómnibus,** Avenida Antártida Argentina (Ecke Avenida de los Inmigrantes), Tel. 43100700, www.tebasa.com.ar

Es gibt nur noch wenige **Zugverbindungen** mit anderen argentinischen Städten. Das ist schade! Denn die antiquierten Bahnhöfe umweht ein altertümliches Flair. Von den drei großen, zentralen Kopfbahnhöfen, **Retiro** im Norden, **Once** im Westen und **Constitución** im Süden, fahren die Züge der TBA (Trenes Buenos Aires) in die Vororte. Vom Retiro-Bahnhof aus geht es auch ins **Flussdelta Tigre,** eines der Lieblingsausflugsgebiete der Porteños. Irgendwann – so der Plan seit 2006 – soll hier ein Hochgeschwindigkeitszug nach Rosario und Córdoba abfahren.
● **107** [D2] **Terminal Retiro,** Avenida Ramos Mejija (Ecke Avenida del Libertador), Subte C: Retiro

Mit Uruguay ist Buenos Aires durch **Fährschiffe** verbunden. Ein Anbieter für eine Überfahrt ist Buquebus.
● **108** [F3] **Buquebus,** Avenida Antártida Argentina 821, Tel. 43166500, www.buquebus.com, tgl. 6–24 Uhr

Barrierefreies Reisen

Für Menschen mit einer Behinderung ist Buenos Aires ein **schwieriges Pflaster:** Das ameisenhafte Gewühl auf den Straßen, die kaputten Bürgersteige, die winzigen Fahrstühle – kein Wunder, dass weder Rollstuhlfahrer noch Gehwagenbenutzer in Buenos Aires häufig gesichtet werden. Sich mit der Situation vor Ort zu arrangieren, erfordert ein hohes Maß an Organisation und Aufwand.

◁ *Vorseite: Auf Erkundungsfahrt durch den Parque Tres de Febrero* ❹❶

Diplomatische Vertretungen

In Deutschland/Österreich/Schweiz

› Botschaft der Republik Argentinien, Kleiststr. 23–26, 10787 Berlin, Tel. 030 2266890, www.ealem.mrecic.gob.ar
› Botschaft der Republik Argentinien, Goldschmiedgasse 2/1, 1010 Wien, Tel. 01 5338463
› Botschaft der Republik Argentinien, Jungfraustrasse 1, 3005 Bern, Tel. 031 3564343

In Buenos Aires

● **109** [ah] **Botschaft der Bundesrepublik Deutschland,** Villanueva 1055 (Ecke Olleros), Subte D: Olleros, Tel. +54 11 47782500, www.buenos-aires.diplo.de, Mo.–Fr. 8.30–11 Uhr
● **110** [ci] **Österreichische Botschaft,** French 3671 (Ecke Scalabrini Ortiz), Subte D: Scalabrini Ortiz, www.bmeia.gv.at/botschaft/buenos-aires.html, Tel. +54 11 48095800, Mo.–Do. 9–12 Uhr
● **111** [D3] **Schweizer Botschaft,** Avenida Santa Fe 846 (Ecke Suipacha), Subte C: San Martín, 12. Stock, Tel. +54 11 43116491, www.eda.admin.ch/buenosaires, Mo.–Fr. 9–12 Uhr

EXTRAINFO

Ausweis für Kinder
Seit 2012 benötigen auch Kinder von 0 bis 16 Jahren für eine Auslandsreise **eigene Ausweispapiere** (Kinderreisepass/Reisepass) mit einem aktuellen Foto. Der Eintrag im Pass der Eltern ist nicht länger gültig. Minderjährige, die nach Argentinien einreisen, benötigen einen Nachweis beider Sorgeberechtigten.

Ein- und Ausreisebestimmungen

Bei der Einreise braucht man einen **Reisepass,** der noch mindestens sechs Monate gültig sein muss. Seit Mai 2012 werden am Einreiseflughafen die Fingerabdrücke aller Reisenden eingescannt und ein digitales Porträtfoto erstellt.

Schweizer, Deutsche und Österreicher können als Touristen bis zu 90 Tage **visumfrei** in Argentinien bleiben. Eine Verlängerung der Aufenthaltsgenehmigung auf insgesamt bis zu sechs Monate ist vor Ort bei der Ausländerbehörde möglich, es besteht allerdings kein Anspruch darauf. Die zweite Möglichkeit: Man reist erneut ein.

Bargeld darf bis zu einer Summe von 10.000 US-Dollar ein- und ausgeführt werden. **Waren** dürfen bis zu einem Wert von 300 US-Dollar ohne Zollerklärung eingeführt werden. Die Einfuhr von Samen, Pflanzen und Fleisch ist verboten.

Weitere aktuelle Hinweise bietet der Internetauftritt des Auswärtigen Amtes unter „Reise & Sicherheit" auf:
› www.auswaertiges-amt.de

Elektrizität

In Buenos Aires gibt es **220-Volt-Wechselstrom** (50 Hertz). Die **Steckdosen** bestehen entweder aus dreipoligen Flachsteckern oder zweipoligen Rundsteckern, die ein winziges Tickchen dünner sind als die deutschen. Die Folge: Manchmal passt der Stecker des mitgebrachten Geräts, manchmal nicht. Wer sichergehen möchte, sollte einen **Adapter** mitnehmen.

Geldfragen

Landeswährung ist der **Peso Argentino** (abgekürzt **$** oder **arg$**), häufig werden **Euro** und **US-Dollar** als Zahlungsmittel akzeptiert. In größeren Geschäften kann man mit allen gängigen Kreditkarten wie **Visa-** und **Mastercard** oder **American Express Card** bezahlen, Barabhebungen in Banken sind auch mit der **Maestro-(EC-)Karte** möglich, nicht aber mit **Vpay-Karten**.

Buenos Aires preiswert

*Buenos Aires ist eine Kulturmetropole und sie lässt ihre Bewohner daran teilhaben. Damit man den Überblick nicht verliert, bringt die Stadt wöchentlich die Gratiszeitung **Agenda Cultural** (s. S. 11) heraus: Von Musik und Tanz über Märkte bis zu Theater und Kino werden auf acht Seiten kulturelle Veranstaltungen vorgestellt - vieles davon ist kostenlos oder sehr preiswert. Der Eintritt der staatlichen Kunstsammlungen ist sehr günstig oder gar gratis wie etwa im Museo Nacional de Bellas Artes ③⑤. Umsonst sind auch die vielen Führungen zu Sehenswürdigkeiten („visitas guiadas", s. S. 124), die die Stadt anbietet.*

*Bei den Porteños beliebt sind die **kostenlosen klassischen Konzerte** im Auditorium der Juristischen Fakultät. Jeden Samstag um 18 Uhr spielen hier junge Orchester auf.*

*⊕**112** [B1] **Facultad de Derecho**, Avenida Figueroa Alcorta 2263 (Ecke Pueyrredón), Recoleta, Colectivos 17, 67, 130, Tel. 48095647, www.derecho.uba.ar/extension/conciertos.php*

Bargeld kann man in Banken tauschen, die allerdings um 15 Uhr schließen, oder in **Wechselstuben**, die man z. B. im Umkreis Avenida Corrientes/San Martín (Cambio Internacional, San Martín 367, Mo.–Fr. 10–17 Uhr) findet. Wer Bargeld tauschen will, muss seinen **Reisepass** vorzeigen.

An **Geldautomaten** kann man manchmal nur wenige Hundert Pesos abheben. Besser bestückt sind häufig ausländische Banken wie die Banco de Francia. Da jedes Bargeldabheben Kosten verursacht, lohnt es vielleicht, sich eine SparCard der Postbank anzuschaffen, mit der man im Ausland bis zu zehnmal im Jahr kostenlos Geld am Automaten ziehen kann.

Die **IVA** (*Impuesto al Valor Agregado* oder auch **Mehrwertsteuer**) beträgt in Argentinien 21 %. Teure Hotels weisen ihre Preise häufig ohne IVA aus. Einige Dienstleistungen wie Hotelübernachtungen, aber auch Flugtickets oder Pauschalreisen, dürfen Touristen seit dem 3.12.2013 nicht mehr in Pesos bezahlen.

Die Preise in Buenos Aires sind vergleichbar mit denen in Berlin. Ein **Milchkaffee** kostet umgerechnet etwa 2,20 €, der **Mittagstisch** mit Steak, Salat, Getränk und Espresso um die 10 €. Aber: Argentinien hat die dritthöchste Inflationsrate der Welt. Je nach Institut schwanken die Angaben. Das nationale Statistikinstitut INDEC ermittelte für Juli 2012 im Vergleich zum Vorjahr eine Steigerung von 9,9 %, private Institute gehen von von 24 % aus. Die Zahlen sind hochbrisant und werden gerne für politische Gefechte eingesetzt: Regierungsgegner behaupten, 2014 würde die Inflation 40 % erreichen.

Tatsächlich begann das Jahr 2014 mit einer Abwertung des Peso gegenüber dem Dollar von 12 Prozent. Das Vertrauen der Argentinier in ihre Währung schwindet. Und so blüht der Schwarzmarkthandel mit Geld.

Wechselkurs (Stand: Juni 2014)

> 1 Peso = 0,09 €/0,11 SFr
> 1 € = 11,01 Pesos
> 1 SFr = 9,01 Pesos
> 1 US$ = 8,07 Pesos

Hygiene und Vorsorge

Kakerlaken sind aus den Häusern in Buenos Aires beinahe nicht wegzudenken und der Kammerjäger ist ein ständiger Gast. **Sanitäre Anlagen** in kleinen Cafés oder Restaurants sehen oft nicht besonders gepflegt aus. Toilettenpapier sollte man nie ins WC werfen, sondern in den nebenstehenden Eimer, da sonst der Abfluss verstopft. Besondere **Impfungen** vor einer Reise nach Buenos Aires sind nicht notwendig.

Informationsquellen

Infostelle in der Stadt

> **❶ 113** [E5] **Centro de Información Turística,** Esmeralda 10 (Ecke Rivadavia), Zentrum, Subte A: Piedras, Mo.–Fr. 11–18 Uhr, Sa./So. 9–18 Uhr. Ein kleiner Kasten, aufgestellt vor der Plaza Roberto Arlt, versorgt an drei Schaltern die Touristen mit kopierten Stadtplänen und Faltblättern zum Thema Tango oder Informationen zu Rundgängen.

Die Stadt im Internet

> **www.turismo.buenosaires.gob.ar** – Tourismuswebsite der Stadt Buenos

Aires (auf Spanisch). Sehr übersichtlich und mit tollen Informationen zu Öffnungszeiten, Veranstaltungen des Monats, Stadtbesichtigungen, interaktiven Stadtplänen, Apps zum Herunterladen und mehr.

> **www.buenosaires.gob.ar** – Seite der Stadt Buenos Aires zu Politik, Kultur und Gesellschaft (auf Spanisch)
> **www.turismo.gov.ar** – Website des Ministeriums für Tourismus mit Infos über ganz Argentinien (auf Spanisch, Englisch, Brasilianisch)
> **www.argentina.gov.ar** – Die Website der Regierung bietet Informationen zu verschiedenen Themen, von dem Studium für Ausländer bis zur Geschichte des Landes.
> **www.tangotanzen.com** – Praktische Informationen zum Thema Tango tanzen in Buenos Aires

Publikationen und Medien

Stadtpläne

Unverzichtbar für jeden Touristen und die Porteños ist der **Guia „T" De Bolsillo – Capital Federal,** ein kleiner Stadtplan in Reclambuch-Größe, der ein Straßenverzeichnis bietet und über Hausnummernhöhe und den Verlauf der Colectivo-Linien informiert. Für längere Aufenthalte ist der große Faltplan **Capital Federal, Mapa Focus N°31** hilfreich. Auf einem Gesamtüberblick über die Stadt sind auch die Knotenpunkte der Colectivos verzeichnet. Beide Stadtpläne gibt es in Buenos Aires an jedem Kiosk – leider aber nicht außerhalb des Landes. Möchte man einen anderen Stadtplan kaufen, muss man darauf achten, dass die **Hausnummern** verzeichnet sind. Eine Orientierung ohne dieses Detail ist bei der Länge der Straßen in Buenos Aires unmöglich.

Tageszeitungen

Clarín (www.clarin.com), **La Nación,** (www.lanacion.com.ar) und **Página 12** (www.pagina12.com.ar) sind die wichtigsten Tageszeitungen. Einmal wöchentlich (samstags) erscheint die deutschsprachige Zeitung **Argentini-**sches **Tageblatt** (www.tageblatt.com.ar), die 1889 von dem Schweizer Auswanderer Johann Alemann gegründet wurde und neben dem englischen **Buenos Aires Herald** (www.buenos airesherald.com) eines der letzten Relikte aus der Epoche der Einwanderer ist. Das Tageblatt wird von Roberto und Juan Alemann herausgegeben, den Urenkeln des Gründers. Während der Militärdiktatur war der erste eine Zeit lang Wirtschaftsminister, der zweite Staatssekretär für Finanzen.

Meine Literaturtipps

Ein amerikanischer Doktorand forscht in Buenos Aires nach einem mysteriösen Tangosänger. Dabei lernt er nicht nur die Porteños besser kennen, sondern bekommt auch Zugang zu geheimnisvollen Orten der Stadt und gewinnt einen tiefen Einblick in die Geschichte des Landes und seiner Bewohner. Der Roman „Der Tangosänger" von Tomás Eloy Martínez (Suhrkamp 2007) ist spannend, hervorragend geschrieben und macht Lust darauf, die Stadt zu durchstreifen.

Mit der Sicht des Europäers schaut der spanische Krimiautor Manuel Vázquez Montalbán in seinem Pepe-Carvalho-Roman „Quintett in Buenos Aires" auf die argentinische Metropole. Unterhaltsame und kurzweilige Lektüre für den langen Flug.

Einen erstklassigen Einblick in die Seelenlage des Porteño verschafft das wohl altklügste kleine Mädchen der Welt: Mafalda. Die Comicfigur hat immer eine treffende Bemerkung parat, wenn es um argentinische Politiker, Gleichberechtigung oder den Weltfrieden geht. Geschaffen wurde Mafalda im Jahr 1964 vom Zeichner Quino. Bis 1974 beschrieb dieser in Zeitungsstrips klug und komisch das Alltagsleben in Buenos Aires aus der Sicht eines Naseweises (www.quino.com.ar).

Internet und Internetcafés

Kaum ein Café, kaum ein Restaurant und schon gar kein Hotel in Buenos Aires kommt heute noch ohne WiFi (WLAN) aus. Selbst in der Subte ist WiFi frei verfügbar – wenn man auch meist keinen Empfang hat.

Trotzdem gibt es an jeder Ecke *locutorios* mit **Computern und Telefonkabinen.** Oft sind sie die halbe Nacht geöffnet. Die meisten sind etwas schäbig, die Verbindungen häufig langsam, die Preise sehr unterschiedlich.

@114 [C5] **Ciber Congreso,** Avenida de Mayo 1420 (Ecke San José) Subte A: Saenz Peña, Mo.–Fr. 8–21 Uhr, Sa. 10–21 Uhr. Sympathisches und günstiges Internetcafé.

@115 [D4] **Locutorio,** Lavalle 893 (Ecke Suipacha), Subte B: Carlos Pellegrini, Subte D: 9 de Julio, Subte C: Lavalle, tgl. 24 Std. geöffnet.

@116 [bj] **Cibercafé,** Scalabrini Ortiz 1389 (Ecke Gorriti), Palermo, Colectivos 15, 57, 106, 109, 110, 140, 141, 151, 168, tgl. 24 Std geöffnet (außer So. 5–14 Uhr). Das Lokal verfügt über einen kleinen Kiosk.

Medizinische Versorgung

051ba Abb.: mc

Pflaster oder Aspirin gibt es in der *farmacia* (**Apotheke**), aber auch in allen Ablegern der Drogeriekette Farmacity. Schöner sind die vielen malerischen, alten Geschäfte wie die **Antigua Farmacia del Águila** (Avenida Corrientes 4996/Julián Alvarez) in Villa Crespo oder die Farmacia de la Estrella, die **erste Apotheke** von Buenos Aires. Hier lohnt ein Besuch allein wegen des schönen Interieurs – selbst ohne Maleschen.

➕**117** [E5] **Farmacia de la Estrella,** Defensa 201 (Ecke Alsina), Zentrum, Subte A: Plaza de Mayo, Subte D: Catedral, Subte E: Bolívar, Tel.: 43434040, www.farmaciadelaestrella.com, Mo.–Fr. 8–20 Uhr, Sa. 8–13 Uhr

➕**118** [A2] **Hospital Alemán,** Pueyrredón 1640 (Ecke Beruti), Subte D: Puyerredón, Colectivos 12, 39, 41, 59, 60, 61, 62, 64, 68, 95, 101, 102, 110, 118, 152, 194, Tel. 48277000, www.hospitalaleman.org.ar, Mo.–Fr. 8–20 Uhr. Das „Deutsche Hospital" wurde 1868 gegründet und hat einen hervorragenden Ruf. Die Ärzte und Angestellten sind freundlich und sprechen Deutsch. Es gibt einen 24-Stunden-Notdienst.

Mit Kindern unterwegs

Die Argentinier sind überaus **kinderlieb** und für ein kleines Kind macht man im überfüllten Bus umgehend einen Sitzplatz frei. Ansonsten ist Buenos Aires aber wie jede hektische Megametropole – nicht nur – für die Kleinen anstrengend. Dennoch gibt es ein paar Plätze, die – nicht nur – Kindern gefallen: Die **Pferderennbahn** 🔴 gehört dazu und der **Parque Tres de Febrero** 🔴 mit seinen Tretbooten. Eine Stippvisite beim **Folkloremarkt Feria de Mataderos** (s. S. 21) und beim **Museo de Ciencias Naturales** 🔴 mit seinen Dinosauriern, dem **Museumsschiff Sarmiento** (s. S. 88) und dem **Naturschutzgebiet Reserva Ecológica** 🔴 bringen kleinen und großen Besuchern viel Spaß.

Die Stadt der Kinder

Einmal ein Schiff beladen, in einer Mini-McDonald-Filiale mit Plastik-Hamburgern hantieren oder im Supermarkt an der Kasse sitzen: Kinder lieben es, in der Welt der Erwachsenen zu spielen. Im **Museo de los Niños**, wie sich die riesige Spielfläche euphemistisch nennt, ist auf drei Etagen eine Ministadt mit Hafen, Krankenhaus und Fernsehstudio nachgebaut. Rund 1000 Kinder kommen an einem Wochenendtag hierher und haben in lautstarkem Gewühl einen Riesenspaß. Gesponsert wird das Ganze übrigens von McDonald, Coca-Cola und der Milchfabrik La Serenisima.

› **Museo de los Niños,** im Mercado de Abasto 🔴, 2. Stock, Di.–So. 13–20 Uhr, Eintritt Sa./So. 80 Pesos, sonst 75 Pesos, ab 19 Uhr halber Preis, www.museodelosninos.org.ar

Notfälle

Die Stadt Buenos Aires hat ein **Polizeikommissariat für Touristen** eingerichtet, das auch in diversen Fremdsprachen Hilfe leistet, etwa wenn man eine Anzeige erstatten möchte. Argentinier selbst gehen ungerne zur Polizei und würden einem raten, sich an die zuständige Botschaft zu wenden – im Zweifelsfall sollte man auf diesen Ratschlag hören.

➥ 119 [E4] **Comisaría del Turista,** Avenida Corrientes 436 Ecke Reconquista, Zentrum, Subte B: Florida, Tel. 08009995000 (gebührenfrei) und 43266265.

› **Defensoría del Pueblo,** Av. Pedro de Mendoza 1835, La Boca, Colectivos 29, 33, 53, 64, 152, Tel. 43027816, Mo.– Fr. 10–17 Uhr. Bei dieser Schutzstelle im Museo Quinquela Martín ㉙ [G10] können Menschenrechtsverletzungen, Korruption und Diskriminierungen aller Art gemeldet werden.

Sperrung von Karten und Schecks

Bei Verlust der Maestro-(EC-) oder der Kreditkarte gibt es für Kartensperrungen eine **deutsche Zentralnummer** (unbedingt vor der Reise klären, ob die eigene Bank diesem Notrufsystem angeschlossen ist).

In **Österreich** und der **Schweiz** gibt es keine zentrale Sperrnummer. Reisende sollten sich vor der Reise bei ihrem Kreditinstitut über den zuständigen Sperrnotruf informieren.

Kartennummer und **Gültigkeitsdatum** sollte man separat notieren, da die Daten bei einer Sperrung abgefragt werden können.

› **Deutscher Spermnotruf:** Tel. 0049 116116 oder Tel. 0049 3040504050

Notrufnummern

› **Krankenwagen:** Tel. 107
› **Polizeizentrale:** Tel. 101
› **Feuerwehr:** Tel. 100

› Unter **www.kartensicherheit.de** gibt es weitere Informationen, bei Bedarf kann man einen SOS-Infopass ausdrucken.

Öffnungszeiten

Auf Öffnungszeiten sollte man sich in Buenos Aires **nicht unbedingt verlassen.** Zum einen sind sie recht variabel, zum anderen gibt es erstaunlich viele Gründe, warum ein Geschäft doch geschlossen oder doch geöffnet hat. Theoretisch kann man in der Woche zwischen 9 und 20 Uhr überall einkaufen und samstags mindestens von 9 bis 13 Uhr. **Supermärkte** wie **Coto** oder **Eki** haben längere Öffnungszeiten, übrigens auch am Sonntag. Und die **Shoppingmalls** haben täglich bis 22 Uhr geöffnet. Sollte einem dennoch mitten in der Nacht etwas fehlen, kann man zum **Kiosk** laufen: Der nette *kiosquero* an der Ecke hat alles, was man braucht, und – das Beste – er hat meist rund um die Uhr auf.

Banken haben von Montag bis Freitag von 10 Uhr bis 15 Uhr geöffnet. Im Vorraum jeder Bank stehen **Geldautomaten,** die 24 Stunden zugänglich sind. Aus Sicherheitsgründen ist es ratsam, nur tagsüber Geld zu ziehen. Zudem muss man damit rechnen, dass die Automaten nicht ausreichend mit Geld bestückt sind und man nur einen Hundert-Peso-Schein bekommt.

Post

In den 1990er-Jahren wurde die Post durch Präsident Menem privatisiert, später unter Kirchner wieder verstaatlicht. Wie auch immer: Eine Postkarte nach Europa braucht rund zwei Wochen und kostet 20 Pesos. Die Hauptpost im pompösen Palacio de Correos (Leandro N. Alem, Ecke Sarmiento) ist seit 2002 geschlossen, sämtliche Postfilialen findet man im Internet unter www.correoargentino.com.ar. Zentral gelegen sind:

✉ **120** [E5] **Correo Argentino (1)**, Perón 300 (Ecke 25 de Mayo), Subte D: Catedral, Subte B: Leandro N. Alem, Mo.–Fr. 8–20 Uhr, Sa. 9–13 Uhr

✉ **121** [D5] **Correo Argentino (2)**, Avenida de Mayo 770 (Ecke Piedras), Subte A: Piedras, Mo.–Fr. 9–19 Uhr

✉ **122** [B5] **Correo Argentino (3)**, Callao 131 (Ecke Bartolomé Mitre), Subte A: Congreso, Subte B: Callao, Mo.–Fr. 9–19, Uhr, Sa. 10–13 Uhr

Schwule und Lesben

2010 wurde ein Gesetz verabschiedet, das **gleichgeschlechtliche Ehen** ermöglicht. Damit ist Argentinien das erste Land Lateinamerikas, in dem die Schwulen- und die Lesben-Ehe gesetzlich verankert ist. Vor einigen Jahren wäre das noch völlig undenkbar gewesen, doch seit 2004 sind Homosexuelle immer mehr an die Öffentlichkeit getreten und schnell in der Gesellschaft akzeptiert worden. Schließlich sind die Porteños – *machismo* hin, *machismo* her – sehr aufgeklärte, tolerante Menschen.

Seit 2007 gibt es jährlich das **Tango-Queerfestival** (www.festivaltangoqueer.com.ar) und verschiedene Milongas für gleichgeschlechtliche Paare: zum Beispiel La Marshall (http://lamarshallmilonga.com.ar), die freitags ab Mitternacht im El Beso (s. S. 35) zu Gast ist. Auf der Website www.thegayguide.com.ar hat Guillermo viele weitere Adressen von schwulenfreundlichen Bars und Discos, aber auch Hotels zusammengetragen. Politische Informationen und Artikel rund um das homosexuelle Leben in Buenos Aires findet man auf der Seite www.sentidog.com/lat.

⏱**123** [E6] **Milonga Tango Queer**, Buenos Aires Club, Perú 571 (Ecke México), www.tangoqueer.com, Di. 22–2 Uhr. Die Milonga für alle, die nicht nur, aber auch mit einem gleichgeschlechtlichen Partner tanzen möchten.

Sicherheit

Buenos Aires ist nicht unsicherer als andere Metropolen. Wer sich so umsichtig verhält **wie in anderen Großstädten**, wird keine Probleme haben. Trickdiebstähle, aber auch Überfälle haben allerdings in den letzten Jahren zugenommen. Grundsätzlich sollte man keinen teuren Schmuck oder andere Wertgegenstände zur Schau stellen oder sein Portemonnaie in der Hosentasche tragen. Trickdiebstähle gibt es meist dort, wo Gedränge herrscht: zu Stoßzeiten in der Subte und im Colectivo, auf Märkten und touristischen Zonen.

Seinen Ausweis sollte man nicht unnötig spazierenführen und für alle Fälle immer eine Kopie besitzen. Nachts sollte man möglichst ein Funk-Taxi nehmen, **Radio-Taxi** genannt, und tagsüber bestimmte Gegenden wie die meisten Ecken in La Boca oder die Bereiche direkt hinter den großen Kopfbahnhöfen in Once, Retiro und Constitución meiden.

Vorwahlen

> Argentinien: Tel. 0054
> Deutschland: Tel. 0049
> Österreich: Tel. 0043
> Schweiz: Tel. 0041

Sprache

In Buenos Aires wird das **argentinische Spanisch** gesprochen (siehe auch die Sprachhilfe auf Seite 132). Man kann sich aber sehr gut mit **Italienisch** oder **Portugiesisch** durchschlagen. Da die Porteños offen und kontaktfreudig sind, ist es auch möglich, sich mit **Englisch** oder mit Händen und Füßen zu verständigen.

Stadttouren

Seit 2009 kutschieren **Cabrio-Doppeldeckerbusse** Touristen täglich zwischen 9 und 17.20 Uhr durch die Stadt (www.buenosairesbus.com). Die Fahrt beginnt alle 20 Minuten an der „parada 0", der Haltestelle 0, in der Avenida Roque Saenz Peña 728 (Diagonal Norte Ecke Esmeralda), wo sich der Ticketschalter befindet. Fahrkarten kann man auch im Bus kaufen. Ein Tagesticket kostet 220 Pesos, das Zweitagesticket 280 Pesos. Eine komplette Tour dauert 3,5 Stunden, es ist aber möglich, an jeder Haltestelle aus- und auch wieder einzusteigen.

Die Stadt selbst bietet **kostenlose Führungen** (visitas guiadas) an, deren Themenschwerpunkte sich ständig ändern. Touren und aktuelle Informationen hierzu findet man im Internet unter http://turismo.buenos aires.gob.ar/es/visitas-guiadas.

Telefonieren

Die **Ortsvorwahl** von Buenos Aires ist die 11. Zum Telefonieren geht man in ein *locutorio,* die es an jeder Straßenecke gibt. Neben **Telefonkabinen** (man bittet um eine *cabina*) gibt es hier meist auch Internetplätze (man fragt nach einer *máquina*).

Um sein **Handy** in Argentinien nutzen zu können, braucht man ein Quadband-Handy. Wenn das eigene Handy keine SIM-Kartensperre (SIM-Lock) aufweist, kann man in den Läden der Telefongesellschaften wie Claro oder Personal eine SIM-Karte *(chip)* kaufen. Dazu muss man seinen Reisepass vorlegen. Im Kiosk gibt es dann die Karten *(tarjeta)* zum Aufladen des Handys *(celular).* Bei Problemen helfen die Angestellten der Telefongesellschaften gerne weiter.

Die Nummer der **Telefonauskunft** (kostenlos) lautet Tel. 110.

052ba Abb.: rk

Uhrzeit

Die Zeitzone in Argentinien ist GMT-3. Während der **Sommerzeit** herrscht also ein Zeitunterschied von **minus 3 Stunden** zur Mitteleuropäischen Zeit, bei **Winterzeit** sind es **minus 4 Stunden**.

Unterkunft

Hotels

Hotels gibt es jede Menge in Buenos Aires, aber eine gleichzeitig schöne und preiswerte, möglichst ruhige und dennoch zentrale Unterkunft zu finden, ist ein Ding der Unmöglichkeit. Die meisten Zimmer sind für unsere Verhältnisse **klein, dunkel und etwas klapprig,** und **laut** ist es sowieso, denn Buenos Aires ist eine laute Stadt. Wird das Zimmer als ruhig angepriesen, liegt es zum kleinen Hinterhof hinaus. Die **Hotelpreise** haben dabei teils wenig mit der Qualität der Unterkunft zu tun und nicht viel mit der Lage. Von der Eingangshalle sollte man sich nicht blenden lassen, sondern die **Zimmer immer vorher besichtigen!** Zu Festtagen wie an Ostern oder in Ferienzeiten ist es ratsam, die Unterkunft im Voraus zu buchen. Eine weitere Möglichkeit ist das Mieten eines **Apartments,** z. B. unter www.bytargentina.com.

Preiskategorien

Für eine Übernachtung im DZ:

€	unter 50 €
€€	50–70 €
€€€	70–100 €
€€€€	ab 100 €

Microcentro

🏨**124** [D5] **Gran Hotel Hispano** €€, Avenida de Mayo 861 (Ecke Tacuari), Subte A: Piedras, Subte C: Avenida de Mayo, Tel. 43452020, www.hhispano. com.ar, 10 % Nachlass bei Barzahlung. Das kleine Hotel liegt in direkter Nachbarschaft zum legendären Café Tortoni. Durch den schmalen Eingang führt eine steile Treppe nach oben zu den Zimmern. Nach vorne sind die Unterkünfte – da an der ständig belebten Avenida de Mayo gelegen – naturgemäß lauter. Die hinteren, ruhigen Zimmer haben dafür – in Art der Kolonialhäuser – keine Fenster, sondern nur Türen, die auf den hübschen Innenhof führen.

🏨**125** [E3] **Gran Hotel Orly** €€, Paraguay 474 (Ecke San Martín), Subte C: General San Martín, Tel. 43125344, www.orly.com.ar. Das Hotel mit seinen 170 schlichten Zimmern liegt ganz in der Nähe der Einkaufsstraße La Florida und der Plaza San Martín.

🏨**126** [D5] **Hotel Avenida** €€, Avenida de Mayo 623 (Ecke Perú), Subte A: Perú, Subte D: Catedral, Subte E: Bolívar, Tel. 43425664, www.hotelav.com.ar. Gut gepflegtes, günstiges Hotel an der Prachtallee Avenida de Mayo bei der Fußgängerstraße La Florida mit teils hübschen, kleinen Zimmern. Bei drei und mehr Nächten gibt es einen Preisnachlass von 10 %, bei Buchungen über das Internet 20 % Nachlass für Aufenthalte von Freitag bis Sonntag.

🏨**127** [D3] **Hotel Sheltown** €€, Marcelo T. de Alvear 742 (Ecke Maipu), Subte C: General San Martín, Tel. 43125070, www.hotelsheltown.com.ar. Das Hotel hat zwar nur ein winziges Foyer, aber saubere und moderne Zimmerchen.

◁ *Telefonzellen sind in der Stadt nur noch selten zu finden*

Zentrum

🏨**128** [C5] **Castelar Hotel** €€€€, Avenida de Mayo 1152 (Ecke Salta), Subte A: Lima, Tel. 43835000, www.castelar hotel.com.ar. Angebote ab 70 Euro. Ein klassisches Hotel, das 1929 eingeweiht wurde. 1933 stieg der spanische Dichter Federico García Lorca im Castelar ab und wohnte hier ein halbes Jahr im Zimmer 704, das jedermann besuchen kann (Führungen Mo.–Fr. 15–18.30 Uhr). Im Untergeschoss des Hotels befinden sich ein öffentliches türkisches Bad und eine Sauna (Mo.–Fr. 12–21 Uhr, Sa. 11–20 Uhr).

🏨**129** [C4] **Columbia Palace Hotel** €€, Avenida Corrientes 1533-37 (Ecke Paraná), Subte B: Uruguay, Tel. 43731906, www.columbiapalacehotel. com.ar. Direkt an der Corrientes gelegen, jener Straße, die niemals schläft. Das Hotel hat schon glanzvollere Zeiten gesehen, aber das Personal ist nett und bei Buchung vor Ort und Barzahlung gibt es meist einen Rabatt von 10 %.

🏨**130** [B5] **Hotel Lyon** €€, Riobamba 251 (Ecke Sarmiento), Subte A: Congreso, Subte B: Callao, Tel. 43720100, www.hotel-lyon.com.ar. Ein Hotel mit 90 Miniapartments. Die Zimmer sind klein und ohne Schnickschnack, dazu gibt es eine winzige Küche. Reservierung am besten mindestens eine Woche vorher.

🏨**131** [C5] **Hotel Marbella** €€, Avenida de Mayo 1261 (Ecke Talcahuano), Subte A: Lima, Tel. 43838566 www.hotelmar bella.com.ar. Dieses Hotel hat keine Eingangshalle, sondern nur einen Empfangstresen, dafür gibt es hinten einen kleinen Raum mit Sitzgelegenheiten und einem Computer, den die Gäste nutzen können. Alles ist ein wenig zerschlissen, aber sauber und das Personal ist nett.

🏨**132** [B5] **Hotel Parlamento** €€, Rodriguez Peña 61 (Ecke Rivadavia), Subte A: Congreso, Tel. 43713789, www.hotel parlamento.com.ar. Zehn Stockwerke hoch ist dieses Hotel und ab dem 5. Stock dringt der Lärm der Straße immer gedämpfter nach oben. Der Eingang ist hell, die Atmosphäre angenehm und das Personal freundlich. Die Zimmer sind klein und gut. Wer am Wochenende zwei Nächte bleibt, bekommt 10 % Rabatt.

San Telmo

🏨**133** [D6] **Hotel Intercontinental** €€€€, Moreno 809 (Ecke Piedras), Subte C: Moreno, Subte E: Belgrano, Tel. 43407100, www.buenos-aires. intercontinental.com. Zentral gelegener Hochhaushotelkasten mit einer imposanten, auf Hochglanz polierten steinernen Eingangshalle im geschichtsträchtigsten Viertel von Buenos Aires.

🏨**134** [D7] **Mansion Dandi Royal** €€€, Piedras 922/936 (Ecke Estados Unidos), Subte C: Independencia, Tel. 43613537, www.mansiondandi royal.com. Ein steiler Aufstieg führt in das plüschige kleine Foyer und von dort zu den Zimmern hoch. Das Gebäude aus der Wende zum 20. Jh. wurde 2000 zum „Tangohotel" umgebaut. Nebenan gibt es einen eigenen Veranstaltungsraum, in dem Unterrichtsstunden und kleine Touristenmilongas stattfinden.

Casas de Tango

Für **Tangotänzer,** die das erste Mal nach Buenos Aires kommen, bietet sich die Unterkunft in einer *casa de tango* an. Man mietet ein Zimmer, Küche und Bad werden geteilt. Der Vorteil: Man kann gemeinsam mit anderen die Tanzlokale unsicher machen und sich die Taxifahrten zu den Milongas teilen.

🏨**135** [bm] **El Cielo** €, Avenida Independencia 3638, P. 2 (2. Stock, Ecke Avenida Boedo), Boedo, Subte E: Boedo, Tel. 49577588, elcielo-bsas@hotmail. com. Der herrschaftliche Altbau liegt in dem ganz und gar untouristischen, aber besonderen Tangoviertel Boedo. Seit 2005 vermietet der Deutsche Harald Simon hier fünf Zimmer. Die Gäste verfügen zudem über einen Tanzraum zum Üben und können auf den Terrassen entspannen.

☎136 [E8] **La Casita de San Telmo** $^{\epsilon}$, Cochabamba 286 (Ecke Balcarce), San Telmo, Colectivos 29, 45, 86, 130, www.lacasitadesantelmo.com, Tel. 43075073 und 49012937. Kleines, liebevoll restauriertes Haus im Kolonialstil aus der Mitte des 19. Jahrhunderts. Wie bei Kolonialhäusern üblich, besitzen die Zimmer kein Fenster, sondern nur eine Tür. Hier führen sie auf den begrünten Innenhof, dessen Schmuckstück ein hundert Jahre alter Feigenbaum ist. Die Küche und zwei Bäder stehen zur gemeinschaftlichen Verfügung. Zwei Zimmer besitzen ein eigenes Bad.

Verhaltenstipps

❯ Diszipliniert und geduldig warten die Porteños in geordneten Schlangen: auf den Bus, auf eine Eintrittskarte, auf einen Stempel. Vordrängler gibt es nicht und sie würden mit völliger Verständnislosigkeit begutachtet. Ohne zu Murren steht selbst ein Rentner locker anderthalb Stunden an. **Schlange stehen** in Buenos Aires ist ein Event an sich: Man schwatzt über dies und das, klärt die Fragen der Menschheit, sitzt auf einem mitgebrachten Stuhl in der Sonne und trinkt – natürlich – Mate (s. S. 24).

❯ Alten Menschen, kleinen Kindern und Frauen mit Kindern bietet man **im vollen Bus umgehend einen Platz an!**

❯ Es gibt keine **Falklandinseln!** Nicht erwähnen! Und wenn man sie doch erwähnt, dann sagt man *Islas Malvinas* und sie gehören selbstverständlich zu Argentinien.

❯ Der Porteño lacht gerne über sich und macht sich über die Neurosen und Unzulänglichkeiten seiner Landsleute lustig. Er begutachtet Land und Politiker sehr kritisch und er kann sie tausend Mal verteufeln – aber auf keinen Fall sollte man ihm zustimmen! Nein! **Die Argentinier sind toll!** Argentinien und vor allem **Buenos Aires ist der Himmel!**

❯ Die Porteños sind ausgesprochen **höflich.** Besonders gegenüber Frauen! Der Dame wird immer der Vortritt gelassen, selbst beim Einsteigen in den Bus. Daran sollten vor allem die männlichen Touristen denken. Die Dame bedankt sich für die Aufmerksamkeit mit einem „Gracias, muy amable" („Danke, sehr freundlich").

❯ Üblicherweise **begrüßen** sich Bekannte und Bekannte von Bekannten mit einem **Kuss auf die rechte Wange.**

❯ Der Porteño flirtet blumig und **ausdauernd.** Das sollte die so Umworbene genießen wie eine hübsche Erzählung, glauben aber sollte sie seinen wortreichen Versprechungen nicht. Gut zu Wissen: Eine Einladung zum *cafécito* bedeutet **mehr als nur** zusammen **einen Kaffee zu trinken.**

Verkehrsmittel

Für Strecken von über zehn *cuadras* (Straßenblöcke) gibt es in Buenos Aires eigentlich nur drei sinnvolle Arten, um sich fortzubewegen: Das **Taxi** ist sicher, schnell und nachts die beste Wahl. Die **Subterráneo** (U-Bahn), im Sprachgebrauch liebevoll zu **Subte** verkürzt, ist kostengünstig und blitzgeschwind und bietet dabei einen Einblick in das Leben der Porteños. Für Wagemutige gibt es den Bus („**Colectivo**", auch „**Bondi**" genannt), der seine Fahrgäste in atemberaubenden Fahrten durch die entlegendsten Winkel der Stadt trägt.

Eine Ausnahmesituation bilden die morgendliche und die nachmittägliche **Hauptverkehrszeit:** Dann sind regelmäßig die Straßen verstopft, der Verkehr bricht zusammen und man kommt weder im Taxi noch im Colectivo eine Straßenecke weiter. Auch die Subte ist dann brechend voll – aber man gelangt zumindest von einem Ort zum anderen.

Taxi

Bienenfleißig schwirren sie durch die Stadt, die angeblich 40.000 **schwarzgelben Taxis.** Sie bringen den Fahrgast im Nu und kostengünstig durch die Stadt. Dem Fahrer sollte man Straße und – anstelle der Hausnummer – möglichst die *altura* nennen, die nächstgelegene **Querstraße.** Das hilft dem *taxista* bei den kilometerlangen Avenidas als Orientierung. Wer etwas Spanisch spricht, kann während einer Fahrt alles erfahren, was einen Porteño bewegt: von der Analyse eines Fußballspiels von River Plate gegen La Boca über politische und wirtschaftlichen Probleme und deren Lösungen bis zu allgemeinphilosophischen Lebensfragen. Und beim Bezahlen macht sich die nonchalante Großzügigkeit der Porteños bemerkbar: Der Taxifahrer rundet den ungeraden Betrag auf dem Taxameter einfach nach unten ab.

Subte

Die **Subterráneo** ist die älteste Untergrundbahn Lateinamerikas: 1913 wurde die Linie A eingeweiht. Insgesamt bringen **sechs Subte-Linien** Massen von Menschen blitzschnell von einer Ecke der Stadt zur nächsten: Vier durchfahren die Stadt von **Westen nach Osten** (A, B, D, E,) und zwei von

Norden nach Süden (C, H). Die U-Bahn ist als Verkehrsmittel besonders effektiv, wenn oberirdisch mal wieder eine der vielen Demonstrationen den Verkehr lahmlegt. Die Fahrt mit der Subte ist staatlich subventioniert und daher unglaublich günstig: Sie kostet inklusive Umsteigen nur 3,50 Pesos.

Die Tickets heißen **Subtepass** und werden am Schalter gekauft. Sie gelten für 1, 2, 5 oder 10 Fahrten und werden vor jeder Fahrt zum Entwerten in die Schlitze bei den Drehkreuzen gesteckt.

Die erste Subte fährt werktags ab 5 Uhr, die letzte zwischen 22.24 und 23 Uhr. Sonntags geht es um 8 Uhr los, die letzte Subte fährt dann zwischen 22 und 22.32 Uhr.

❯ www.subte.com.ar

Colectivo

Das neue Zauberwort heißt **Metrobus:** Seit Juli 2013 rasen Busse (insgesamt gibt es elf Linien) auf eigenen

Fahrspuren an langen glasüberdachten Bussteigen die Avenida 9 de Julio hinauf und hinunter. Das System Metrobus, das nach und nach an verschiedenen Ecken der Stadt eingerichtet wird, soll Zeit sparen helfen und das Verkehrschaos bannen.

Doch die Metrobusse machen nur einen Bruchteil der Colectivos aus: **Über 350 Buslinien** brausen unermüdlich von einer Ecke der Stadt in die andere. Selbst mitten in der Nacht fahren die Colectivos im Halbstundentakt. Die beste Möglichkeit, um sich in dem unübersichtlichen Gewirr zu orientieren, bietet der **Guia „T" De Bolsillo – Capital Federal**. In dem Heftlein sind sämtliche Linien und ihr Verlauf verzeichnet: Auf den rechten Seiten findet sich der Stadtplan samt Hausnummerhöhe, auf den linken Seiten die Nummern der Colectivos, die durch die entsprechenden Planquadrate auf der rechten Seite fahren.

Die Hälfte des Problems ist gelöst, wenn man die richtige Linie herausgefunden hat – und die **Haltestelle** dazu. Bushaltestellen gibt es nach jeder zweiten Straßenecke. Sie bestehen meist aus einem unscheinbaren Pfosten, an dem oben Schildchen mit den Nummern der Linien befestigt sind. Das auffälligere Zeichen für eine Bushaltestelle ist eine disziplinierte Menschenschlange am Straßenrand.

Nähert sich der richtige Bus, heißt es, den Arm entschieden zu heben und den Busfahrer mit einem Blick zum Halten zu bewegen. Bei den Porteños sieht das lässig aus, aber es erfordert Übung, zumal häufig ein ganzes Bündel Busse nebeneinander die Straßen entlangrast. Eine Hilfe dabei: **Jede Buslinie hat eine andere Farbe**, so erkennt man seinen Colectivo

rechtzeitig. Beim Einsteigen lässt man Frauen mit Kindern und alten Menschen den Vortritt. Das hat einen guten Grund: Kaum hat der letzte Fahrgast seinen Fuß in den Bus gesetzt, geht die halsbrecherische Fahrt los.

Spätestens jetzt sollte man **Kleingeld** parat haben, denn der Busfahrer kann nicht wechseln. Er stellt ausschließlich den Münzautomaten hinter sich auf den richtigen Preis ein. Glücklicher sind die Besitzer einer **SUBE-Karte**: Sie brauchen nur ihren Plastikchip an das kleine Gerät beim Fahrer zu halten und die 2,70 Pesos für eine Fahrt werden abgebucht. Nun muss der ungeübte Fahrgast nur noch erkennen, wo er aussteigen will – nicht ganz einfach, da die Haltestellen keinen Namen haben – und rechtzeitig den **Halteknopf** erreichen. Wenn er später die richtige Bushaltestelle für den **Rückweg** findet, hat der Abenteuertourist seine Feuertaufe bestanden: Denn wegen des Einbahnstraßensystems benutzen die Busse dann eine **andere Route**, die meist auf der Parallelstraße verläuft. Doch wer seine drei, vier Linien kennt, wird die temporeichen Fahrten mit dem Colectivo schätzen.

Für jene aber, die ein Smartphone besitzen, ist das Abenteuer nur noch halb so groß: Auf der Seite http://comollego.ba.gob.ar kann man sich eine App herunterladen, die geschickt durch das Straßen- und Busgewirr leitet.

Wetter und Reisezeit

Einer der schönsten Monate in Buenos Aires ist der **November.** Die Luft ist angenehm mild, die Bäume sind mit lilafarbenen und gelben Blüten besetzt: Es ist Frühling in der Stadt. Im **Dezember,** wenn die Jacaranda-Bäume einen dicken Teppich aus fliederfarbenen Blüten auf den Straßen und Bürgersteigen ausbreiten, beginnt der **Sommer.**

Zwar herrscht in Buenos Aires meist ein recht angenehmes Klima, aber im **Hochsommer,** Ende Dezember und Januar, ist das Wetter drückend heiß: Dann fliehen viele Porteños vor der schwülen Hitze der Stadt und machen einen ausgedehnten Urlaub am erfrischenden Meer.

Angenehmer wird es erst wieder im **Februar.** Zum Sommerende, im **März,** blüht die Stadt noch einmal: Große, lilienartige Blüten hängen im *palo borracho,* dem „betrunkenen Stock", wie der Baum wegen seiner flaschenartigen Form genannt wird. Die Temperaturen pendeln dann um die 20 Grad.

Aber selbst im **Winter** (Juni, Juli, August) lohnt es sich, nach Buenos Aires zu fahren. Es ist etwas trister, aber durch die vielen immergrünen Gewächse, die recht hohe Wahrscheinlichkeit, dass die Sonne scheint, und Temperaturen, die selten unter 10 Grad sinken, ist auch diese Jahreszeit gut erträglich. Zumal man selbst im August eine Woche erwischen kann, in der man im T-Shirt und mit Flipflops durch die Straßen läuft, weil das Thermometer auf 30 Grad hochschnellt.

Doch auch wenn das Wetter in Buenos Aires meist angenehm ist, die **Klimaanlagen** sind es oft nicht. Sie können im Hochsommer empfindlich in den Nacken pusten. Ein großer Seidenschal oder ein Tuch sollte deshalb im Reisegepäck nie fehlen.

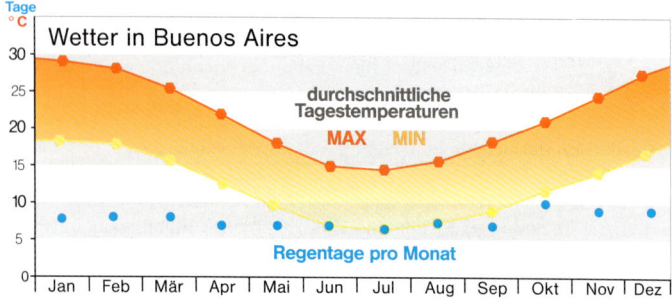

Wetter in Buenos Aires — durchschnittliche Tagestemperaturen MAX MIN — Regentage pro Monat

Anhang

006ba Abb.: mc

Kleine Sprachhilfe Spanisch für Argentinien

Für einen einfachen Einstieg in die Sprache empfiehlt sich der Reisesprachführer „Spanisch für Argentinien – Wort für Wort" (Kauderwelsch-Band 84) aus dem REISE KNOW-HOW Verlag, aus dem die folgenden Wörterlisten stammen.

Aussprache

Folgende Buchstaben(kombinationen) werden anders als im Deutschen erwartet ausgesprochen.

á, é, …	Selbstlaute mit Akzent werden betont. Akzente dienen auch der Unterscheidung von ansonsten gleichlautenden Wörtern.
ie	„i" und „e" nacheinander gesprochen
ue	„u" und „e" nacheinander gesprochen
ei	„e" und „i" nacheinander gesprochen
c	vor a, o und u wie „k" in „Kirche"; vor e und i wie stimmloses „s" wie in „Bus"
ch	wie „tsch" in „Matsch"
d	wie deutsches „d", am Wortende meist nicht gesprochen
g	vor a, o und u wie „g" in „Garten"; vor e und i wie deutlich hörbares „h", in manchen Gegenden wie „ch" in „ich"
gue	wie „ge" in „gehen"
gui	wie „gi" in „Giraffe"
h	ist stumm, wird nicht gesprochen
j	wie raues „ch" in „Bach"
ll	stimmloses oder stimmloses „sch" wie in „Schule" bzw. wie in „Garage"
ñ	wie „nj" in „Tanja"
qu	wie „k" in „Kirche"
r	gerolltes Zungen-r
s	stimmloses „s" wie in „Bus"; am Silben- oder Wortende wird s oft nur gehaucht oder ganz verschluckt, besonders in den Kombinationen sp und st
v	wie deutsches „w"
y	vor Selbstlaut stimmloses oder stimmhaftes „sch"; allein/am Wortende wie „i"
z	stimmloses „s" wie in „Bus"

Zahlen

0	cero
1	uno/un/-a
2	dos
3	tres
4	cuatro
5	cinco
6	seis
7	siete
8	ocho
9	nueve
10	diez
11	once
12	doce
13	trece
14	catorce
15	quince
16	dieciséis
17	diecisiete
18	dieciocho
19	diecinueve
20	veinte
21	veintiuno/-ún/-una

+++ NEU: Die wichtigsten Wörter mit dem Bonus-Audiotrack des Kauderwelsch-

22	*veintidós*	*lejos (de)*	weit
23	*veintitrés usw.*	*cerca (de)*	nah
30	*treinta*	*aquí*	hier
31	*treinta y uno/...*	*allí*	dort
32	*treinta y dos*	*al lado de*	neben
33	*treinta y tres usw.*	*delante de*	vor
40	*cuarenta*	*cruce*	Kreuzung
41	*cuarenta y uno/...*	*semáforo*	Ampel
42	*cuarenta y dos*	*esquina*	Straßenecke
50	*cincuenta*	*fuera de la ciudad*	außerhalb der Stadt
60	*sesenta*		
70	*setenta*	*en el centro*	im Zentrum
80	*ochenta*		
90	*noventa*		

Die wichtigsten Zeitangaben

100	*cien*		
200	*doscientos/-as*	*ayer*	gestern
300	*trescientos/-as*	*hoy*	heute
400	*cuatrocientos/-as*	*mañana*	morgen
500	*quinientos/-as*	*cada día*	täglich
600	*seiscientos/-as*	*por la mañana*	morgens
700	*setecientos/-as*	*al mediodía*	mittags
800	*ochocientos/-as*	*por la tarde*	nachmittags
900	*novecientos/-as*	*por la tarde*	abends
1000	*mil*	*por la noche*	nachts
2000	*dos mil*	*lunes*	Montag
		martes	Dienstag

Die wichtigsten Fragewörter

		miércoles	Mittwoch
		jueves	Donnerstag
¿dónde?	wo?	*viernes*	Freitag
¿de dónde?	woher?	*sábado*	Samstag
¿adónde?	wohin?	*domingo*	Sonntag
¿por qué?	warum?	*más temprano*	früher
¿cómo?	wie?	*más tarde*	später
¿cuál?	welcher?		
¿cuánto?	wie viel?		

Die wichtigsten Floskeln

¿cuándo?	wann?		
¿desde cuándo?	seit wann?	*sí – no*	ja – nein
¿hasta cuándo?	bis wann?	*por favor*	bitte (um etwas bitten)

Die wichtigsten Richtungsangaben

		¡(Muchas) gracias!	(Vielen) Dank!
		¡De nada!	Keine Ursache!
a la derecha	(nach) rechts	*¡Buenos días!/*	Guten Tag! (vormittags)
a la izquierda	(nach) links		
derecho	geradeaus	*¡Buenas tardes!*	Guten Tag! (nachmittags)
atrás	zurück		
enfrente (de)	gegenüber	*¡Buenas noches!*	Gute/n Abend/ Nacht!

Kleine Sprachhilfe Spanisch für Argentinien

¡Bienvenidos!	Herzlich willkommen!	¡Muy bien!	In Ordnung!
		No sé.	Ich weiß nicht.
¿Cómo estás?/	Wie geht es dir?	¡Que aproveche!	Guten Appetit!
¿Cómo andas?		¡Salud!	Zum Wohl!
¿Qué tal?	Wie geht's?	¡La cuenta,	Die Rechnung,
(Muy) bien.	(Sehr) gut.	por favor!	bitte!
Mal.	Schlecht.	¡Perdón!	Entschuldigung!
¡Adiós!	Auf Wiedersehen!	¡Lo siento mucho!	Es tut mir leid!
¡Hola!	Hallo!	¡Está bien!	Schon gut!
¡Chao!	Tschüss!	¡Con permiso!	Gestatten Sie!
¡Hasta luego!	Bis dann!	¡Ayúdeme,	Helfen Sie mir,
¡Hasta ahora!	Bis gleich!	por favor!	bitte!

Die wichtigsten Fragen

¿Tiene usted ...?	Haben Sie ...?
¿Hay ...?	Gibt es ...?
Busco ...	Ich suche ...
Necesito ...	Ich brauche ...
Quiero ...	Ich möchte ...
Déme ..., por favor.	Geben Sie mir bitte ...
¿Dónde se puede comprar ...?	Wo kann man ... kaufen?
¿A cuánto está esto?	Wie viel kostet das?
¿Qué es esto?	Was ist das?
¿Dónde está ...?	Wo ist/befindet sich ...?
Quiero ir a ...	Ich möchte nach ...
Perdone, ¿para ir a ...?	Wie komme ich nach ...?
¿Este es el tren para ...?	Ist das der Zug nach ...?
¿A qué hora sale el autobús para ...?	Wann fährt der Bus nach ... ab?
Por favor, lléveme a ...	Bringen Sie mich bitte zu/nach ...

Nichts verstanden? – Weiterlernen!

Ich spreche nicht gut Spanisch.	No hablo bien castellano.
Ich möchte Spanisch lernen.	Quiero aprender castellano.
Wie bitte?/Was haben Sie gesagt?	¿Cómo ha dicho?
Ich habe nicht verstanden.	No he entendido.
Sprechen Sie/Sprichst du Englisch?	¿Habla usted/Hablas inglés?
Wie sagt man ...?	¿Cómo se dice ...?
... auf Spanisch?	... en español?
... auf Deutsch?	... en alemán?
... auf Englisch?	... en inglés?
... auf Französisch?	... en francés?
Wie spricht man dieses Wort aus?	¿Cómo se pronuncia esta palabra?
Wiederholen Sie bitte!	¡Repíta, por favor!
Sprechen Sie bitte langsam(er)!	¡(Más) despacio, por favor!
Können Sie mir das bitte aufschreiben?	¿Puede apuntarlo, por favor?

Kauderwelsch bei REISE KNOW-HOW
Die hilfreichen Sprachführer

Foto: Tourismus Argentinien

Spanisch für Argentinien – Wort für Wort
O'Niel Som
978-3-89416-275-7
208 Seiten | Band 84

Umschlagklappen mit Aussprachehilfen und
wichtigen Redewendungen, Wörterlisten
Spanisch – Deutsch, Deutsch – Spanisch

7,90 Euro [D]

Im Kauderwelsch Sprachführer sind Grammatik und Aussprache einfach und schnell erklärt. Wort-für-Wort-Übersetzungen machen die Sprachstruktur verständlich und helfen, das Sprachsystem kennenzulernen. Die Kapitel sind nach Themen geordnet, um sich in verschiedenen Situationen zurechtfinden und verständigen zu können – vom ersten Gespräch bis zum Arztbesuch. In einer Wörterliste sind die wichtigsten Vokabeln alphabetisch einsortiert und ermöglichen so ein rasches Nachschlagen. Einige landeskundliche Hinweise runden diesen handlichen Sprachführer ab.

www.reise-know-how.de

Die Autorin

Maike Christen reiste 1993 das erste Mal nach Buenos Aires. Seitdem ist die wirbelige Metropole zu einer zweiten Heimat geworden, die sie regelmäßig besucht. In ihrer Lieblingsstadt hat sie die entlegendsten Ecken durchstreift und ist dabei auch in Elendsviertel und besetzte Fabriken geraten. Herausgekommen sind Reportagen für die Berliner Zeitung, die Financial Times Deutschland, die Woman und viele andere Zeitungen und Magazine. Im REISE KNOW-HOW Verlag hat Maike Christen zudem den Band „Tango tanzen in Buenos Aires" veröffentlicht. Die Redakteurin und Romanistin lebt und arbeitet in Hamburg. Meistens. Weitere Informationen finden sich unter www.maike-christen.de.

Zum Buch: In Buenos Aires ändert sich alles in atemberaubender Geschwindigkeit und das betrifft nicht nur Läden und Öffnungszeiten, Internetseiten oder Telefonnummern. In Buenos Aires bleibt nichts wie es war. Selbst historische Daten entpuppen sich beim näheren Hinsehen als ebenso unsicher wie der elektrische Strom oder die Telefonverbindung. Zahlen sind in Buenos Aires wie Wolken am Sommerhimmel: Mal sind sie größer, mal kleiner und manchmal lösen sie sich ganz auf. Aber auch die Änderungen ändern sich und häufig ist ein wenig später alles wieder wie zuvor.

Danksagung

Ich danke Rainer für seine Zeit, sein Interesse und seine schönen Fotos. Dank auch an Giselle und Gustavo für ihren Schreibtisch.

Schreiben Sie uns

Dieser CityTrip-Band ist gespickt mit Adressen, Preisen, Tipps und Infos. Nur vor Ort kann überprüft werden, was noch stimmt, was sich verändert hat, ob Preise gestiegen oder gefallen sind, ob ein Hotel, ein Restaurant immer noch empfehlenswert ist oder nicht mehr usw. Unsere Autoren sind zwar stetig unterwegs und erstellen alle zwei Jahre eine komplette Aktualisierung, aber auf die Mithilfe von Reisenden können sie nicht verzichten.

Darum: Schreiben Sie uns, was sich geändert hat, was besser sein könnte, was gestrichen bzw. ergänzt werden soll. Wenn sich die Infos direkt auf das Buch beziehen, würde die Seitenangabe uns die Arbeit sehr erleichtern. Gut verwertbare Informationen belohnt der Verlag mit einem Sprechführer Ihrer Wahl aus Reihe „Kauderwelsch".

Bitte schreiben Sie an:

REISE KNOW-HOW Verlag Peter Rump GmbH, Postfach 140666, D-33626 Bielefeld, oder per E-Mail an: info@reise-know-how.de Danke!

Bildnachweis

Soweit nicht direkt am Bild vermerkt, stehen die Kürzel an den Abbildungen für folgende Fotografen, Firmen und Einrichtungen. Wir bedanken uns für die freundliche Abdruckgenehmigung.

Umschlag	Fotolia.com © Anibal Trejo
ag	Ariel Grinberg
mc	Maike Christen (die Autorin)
rk und Umschlagklappe, rechts	
	Rainer Klement
fo	Fotolia.com

Register

Register

Liste der Karteneinträge

Liste der Karteneinträge

Zeichenerklärung

✚ ✚	Arzt, Apotheke, Krankenhaus
♂	Bar, Bistro, Klub, Treffpunkt
🅱 🅱	Bibliothek
⊙	Pub, Kneipe
⊖	Café
🜊	Denkmal
🔒	Geschäft, Kaufhaus, Markt
🏨	Hotel, Unterkunft
⊙	Imbiss
❶	Informationsstelle
@	Internetcafé
🎞	Kino
⛪	Kirche
🌡	Leuchtturm
🅼	Museum
♫	Musikszene, Disco
🅿	Parken
☎	Pension, Casas de Tango
✉	Postamt
🏴 ⚙	Polizei
🍴	Restaurant
●	Sonstiges
🆂	Sport, Tanz
✡	Synagoge
◐ 🎭	Theater
❷	vegetarisches Restaurant
⑤	Subte
▬▬	Stadtspaziergang (s. S. 8)
▭	Shoppingareale
▭	Gastro- und Nightlife-Areale

Wie die **Symbole benutzt** werden,
wird auf S. 5 erklärt.

Hier nicht aufgeführte Nummern
liegen außerhalb der abgebildeten Karten. Ihre Lage kann aber wie bei allen
Ortsmarken im Buch mithilfe unserer
Kartenansichten unter Google Maps™
gefunden werden (s. S. 144).

Buenos Aires mit PC, Smartphone & Co.

QR-Code auf dem Umschlag scannen oder **http://ct-buenosaires14.reise-know-how. de** eingeben und die **kostenlose CityTrip-App** aufrufen!

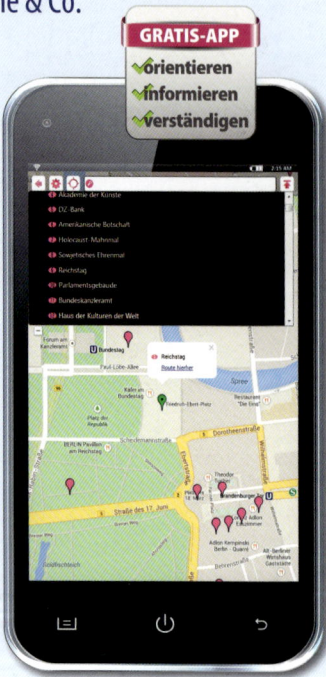

GRATIS-APP
- ✔ **orientieren**
- ✔ **informieren**
- ✔ **verständigen**

★ **Anzeige der Lage und Luftbildansichten aller** beschriebenen Sehenswürdigkeiten und touristisch wichtigen Orte

★ **Routenführung** vom aktuellen Standort zum gewünschten Ziel

★ **Exakter Verlauf** des empfohlenen Stadtspaziergangs

★ **Audiotrainer** der wichtigsten Wörter und Redewendungen

★ **Aktuelle Infos** nach Redaktionsschluss

Weitere **kostenlose Downloads** auf **www.reise-know-how.de** auf der Produktseite dieses Titels unter „Datenservice":

★ **Faltplan als PDF mit Geodaten:** Nutzbar auf allen Geräten mit PDF-Reader. Für Smartphones/Tablets empfiehlt sich die App „PDF Maps" von Avenza™ mit einer breiten Funktionspalette.

★ **GPS-Daten aller Ortsmarken:** einfacher Import in GPS-Geräte, Navis und Geosoftware auf PCs und mobilen Geräten.

ct-buenosaires14.reise-know-how.de

Unsere App-Empfehlungen zu Buenos Aires

❯ **BA Cultural:** Die App der wöchentlich erscheinenden, kostenlosen Kulturzeitung der Stadt bietet viele nützliche Informationen (kostenlos für Android und iOS).

❯ **BA EcoBici:** Die praktische App gibt Auskunft über die Lage der nächsten Fahrradstation und informiert über die Radwege der Stadt (kostenlos für Android und iOS).

❯ BA **Como llego:** Die App der Stadt Buenos Aires sucht den schnellsten Weg – ob mit Colectivo oder Subte – und zeigt, wo sich die nächste Haltestelle befindet (kostenlos für Android, iOS und WindowsPhone).

❯ **Hoy Milonga:** Welche Milonga gibt es heute wo und wann? Und wie komme ich am besten hin? Die App bietet Antworten auf diese Fragen (kostenlos für Android und iOS).